Herrn
Schulte mit
herzl. Gruß!

22.5.01

Die »Primavera« des Sandro Botticelli, die in den Uffizien ausgestellt ist, gilt seit ihrer Wiederentdeckung im neunzehnten Jahrhundert als ein Markstein der Kunstgeschichte. Als Sinnbild des Aufbruchs in die Renaissance gewertet, ist dieses Gemälde wie kaum ein anderes Kunstwerk in immer neuen Ansätzen gedeutet worden. Die vor wenigen Jahren durchgeführte Restaurierung läßt die »Primavera« nun in einem neuen Licht erscheinen, und ein Quellenfund belegt, daß fast alle bisherigen Interpretationen von falschen Voraussetzungen in der Datierung und der historischen Einbindung ausgingen. Der vorliegende Band versucht auf der Basis der neuen Fakten eine neue Formanalyse und eine Rekonstruktion der hochpolitischen Botschaft, die in diesem Gemälde formuliert wurde.
Die »Primavera« verkündet ein paradiesisches Florenz – aber nicht unter der Führung der Medici-Hauptlinie, sondern der Vettern des berühmten Lorenzo de'Medici »il Magnifico«. In ihrer elegischen Erscheinung ist der Kampf der verschiedenen Familienzweige um die Vorherrschaft in Florenz verborgen. Erst diese Mischung aus epochalem Sinn und politischer Inanspruchnahme läßt die Harmonie, aber auch die Brüche dieses einzigartigen Gemäldes begreifen.

Horst Bredekamp promovierte 1974 in Marburg, danach zweijährige Museumstätigkeit am Liebieghaus in Frankfurt am Main. Ab 1976 Assistent am kunstgeschichtlichen Seminar in Hamburg, dort seit 1982 Professor für Kunstgeschichte.
Veröffentlichungen über Bilderstürme, mittelrheinische Skulptur der Spätgotik, Kleinbronzen der Renaissance, Naturauffassung in der frühen Moderne, Bomarzo, Geschichte der Kunstkammern und Geschichte der Kunstgeschichte im neunzehnten Jahrhundert.

Sandro Botticelli
La Primavera

Florenz als Garten der Venus

Von Horst Bredekamp

Fischer Taschenbuch Verlag

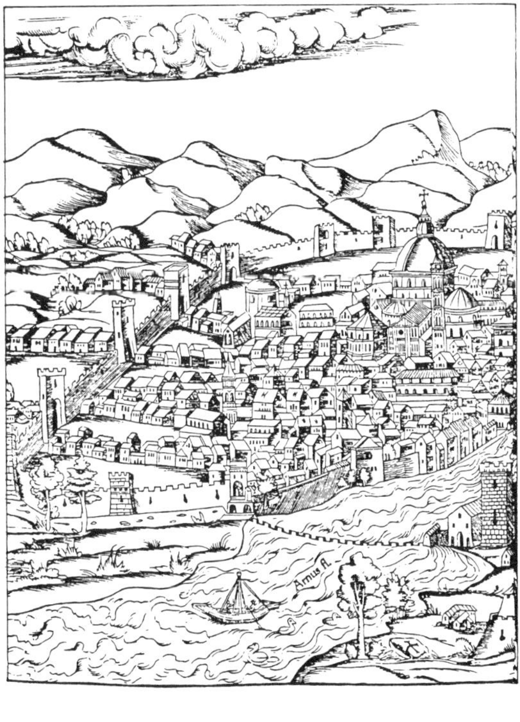

kunststück
Begründet von Klaus Herding
Herausgegeben von Michael Diers

11.–12. Tausend: Juli 1996

Frontispiz: *Ansicht von Florenz, aus der »Cosmografia« Sebastian Münsters, 1554*

Grafische Konzeption: Max Bartholl und Christoph Krämer
Lektorat: Wolfgang Balk
Bildredaktion: Carmen Durrant
Originalausgabe
Veröffentlicht im Fischer Taschenbuch Verlag GmbH, Frankfurt am Main, Juni 1988

Satz und Druck: Wagner GmbH, Nördlingen
Bindung: G. Lachenmaier, Reutlingen
Printed in Germany
ISBN 3-596-23944-3

Pflanzen und Geschichte

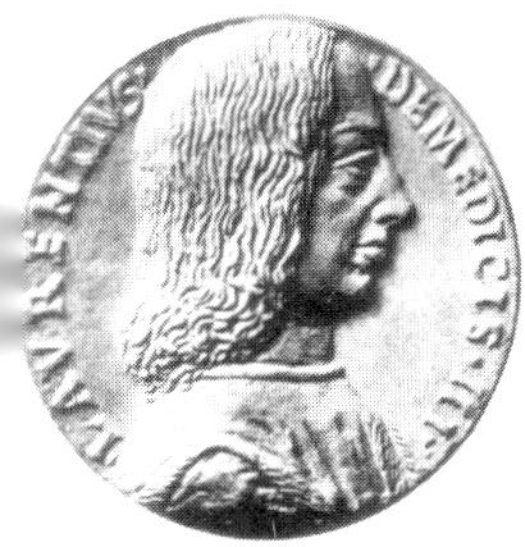

1 *Medaille des Lorenzo di Pierfrancesco de' Medici, um 1500*

Sollte sich die Geschichte wiederholen? Als Lorenzo di Pierfrancesco de' Medici *(Abb. 1)*[1] im November 1494 nach mehrmonatiger Verbannung nach Florenz zurückkehrte, wurden vielversprechende Erinnerungen wach; schon einmal hatte ein Medici seine Vertreibung aus Florenz in einen Triumph verwandelt. Im Jahre 1433 ins Exil geschickt, war Cosimo de' Medici angesichts der prekären Lage der Stadt bereits im folgenden Jahr zurückgekehrt, um im Gegenzug die Macht der Medici gegen die Albizzi und andere konkurrierende Familien auszubauen.

Sechzig Jahre später hatte sich die Ausgangslage allerdings gewandelt. Die Medici waren gespalten in einen älteren und einen jüngeren Zweig, die von den Kontrahenten Piero und Lorenzo di Pierfrancesco angeführt wurden. Der Kampf um die Macht vollzog sich auch als Auseinandersetzung zwischen den beiden von ihnen repräsentierten Familiensträngen, und Lorenzo di Pierfrancesco wurde nicht durch Gegner der Medici, sondern durch Piero in die Verbannung geschickt. Auch jetzt schien der Vertriebene zu siegen; während Piero am 9. November 1494 seinerseits aus Florenz floh, um angesichts der drohenden Revolte wenigstens seine Haut zu retten, kehrte Lorenzo di Pierfrancesco wenige Tage später nach Florenz zurück.

Seine Ansprüche und Hoffnungen konnte er aber nur vermittelt äußern, da der Name der Medici vollständig diskreditiert war. Er nannte sich daher von nun an »Popolano« (»Volksfreund«), um mit diesem Namenswechsel zu bekunden, daß er Parteigänger der republikanischen Opposition gegen die Medici-Hauptlinie gewesen war und daß er sich weiterhin zu dieser politischen Partei zählte, die in Savonarola ihren Wortführer und Antreiber gefunden hatte.

In dieser Situation widmete ihm ein befreundeter Politiker und Humanist, Bartolomeo Scala, ein Gedicht

»De Arboribus« (»Über die Bäume«). Dieses Poem, das Lorenzo di Pierfrancesco bereits als »Popolano« anspricht, handelt von dem Nutzen, der Pflege und der Veredelung verschiedener Baumarten, und vordergründig deutet nichts auf einen politischen Gehalt. Vermutlich hat Scala ein bereits fertiges, in der Tradition antiker Lehrgedichte verfaßtes Werk auf die besondere Situation hin aktualisiert. Das Beispiel zeigt, daß in Florenz Erörterungen über die Pflanzenwelt politisch verstanden und genutzt werden konnten, ohne daß sie von sich aus einen solchen Gehalt vortrugen. Die fast flehende Widmung Scalas: »Du aber, Lorenzo, führst meine Segel ein zweites Mal« war als Aufforderung zu verstehen, in der »Blumenstadt« Florenz die Führung zu übernehmen. Scala, der selbst gern »unter den Nymphen und Gottheiten der Waldbewohner« leben möchte, singt in seinem Gedicht ein Loblied auf das ländliche Leben und die unverdorbene Welt der Wälder und Gärten. Seine Beschreibung der Bäume läßt er mit dem Lorbeer, der Wappenpflanze seines Adressaten beginnen, um eben jenen Lorenzo di Pierfrancesco angesichts der prekären wirtschaftlichen Lage der Stadt als Retter aus Hungersnot und Seuchengefahr anzusprechen:

> »Da Du diese großen Plagen siehst, Volksfreund,/ läßt Du Dich rühren,/ Und Du reichst den Deinen auswärtige Nahrungsmittel,/ Und Du scheust selbst die höchsten Kosten nicht und schlägst die Pest zurück.«[2]

Eine solche Verbindung von Pflanzenwelt und Politik gehörte in der florentinischen Renaissance zum selbstverständlichen Bestandteil kommunaler Rhetorik. Die gebräuchlichen Namen von Florenz, FLORENTIA, FIORENZA oder FIRENZE, wiesen durch ihre Lautnähe zur Frühlingsgöttin FLORA und zu den FIORI (Blumen) eine unmittelbare Nähe zur Welt des Vegetabilen auf, so daß sich Betrachtungen über Florenz und seine Regierung naturgemäß der Garten- und Pflanzenmetaphorik bedienten. Zur selben Zeit, zu der Bartolomeo Scala sein Gedicht »Über die

Bäume« mit einer Hoffnung auf Führerschaft durch Lorenzo di Pierfrancesco verband, nutzte Savonarola die Pflanzenmetapher auf seine Weise; er gemahnte FIRENZE, SO FLORIDA (blühend) zu sein, wie es sein Name erfordere.[3]

Daß Scala die Gartenmetaphorik von Florenz auf Lorenzo di Pierfrancesco übertrug, war wohlüberlegt. Als langjährigem Freund und Berater des Hauses war Scala bekannt, daß im Stadtpalast des Lorenzo di Pierfrancesco ein großformatiges Gemälde hing, das bereits in den achtziger Jahren die Sprache der Pflanzen artikuliert hatte: Botticellis heute in den Uffizien bewahrte »Primavera« (»Frühling«). Dieses Gemälde *(Falttafel)* und Scalas Baumgedicht gehören insofern zusammen, als sie gemeinsam mit Hilfe der Darstellung von Pflanzen die besondere Stellung oder die Hoffnungen des Lorenzo di Pierfrancesco formulieren. Zu den Unterschieden gehört aber, daß das Gedicht vermutlich nicht ursächlich auf Lorenzo di Pierfrancesco gemünzt war, wohingegen das Gemälde in dem Sproß der jüngeren Medici-Linie von vornherein den Adressaten fand.

Die Beziehung zum Auftraggeber ist von der Forschung kaum beachtet worden,[4] weil der epochale Rang des Gemäldes übergeschichtliche Dimensionen zu erfordern schien; Fragen nach seinem zeitgenössischen Anlaß schienen vor diesem Horizont eher kleinlich. Unumstritten ist, daß die »Primavera« mit ihren Maßen von 203 × 314 cm gemeinsam mit der »Geburt der Venus« *(Abb. 12)* zu den ersten großformatigen Gemälden gehört, auf denen fast lebensgroße klassische Götter und nackte oder nur leicht bekleidete Göttinnen ohne Scheu dargestellt waren.[5] Umkämpft blieb jedoch, ob die »Primavera« die mittelalterliche Kunst zu einem letzten, über sich selbst hinaustreibenden Höhepunkt führt oder ob sie allein die Wiedergeburt der Antike triumphieren läßt.[6]

Diese geschichtliche Abstraktion hat neben dem weiten Auseinanderklaffen der kunstgeschichtlichen Einordnung auch schwerwiegende Fehler mit sich gebracht. Mehrfach wurden z. B. die Auftraggeber verwechselt; nicht Lorenzo di Pierfrancesco von der jüngeren Linie, sondern sein Konkurrent Lorenzo il Magnifico, der Vater Pieros, sollte das Werk beauftragt haben. Noch in der jüngsten Publikation zur »Primavera« wird dieser Irrtum wiederholt.[7]

Neben ihrer Enthistorisierung stand die »Primavera« immer auch in der Gefahr einer Überfrachtung mit literarischen Quellen.[8] Fraglos ist die »Primavera« *auch* ein hochgradig intellektuelles Gemälde, das an der Grenze dessen steht, was die bildhafte Form gedanklich auszuhalten vermag. Dennoch hat sie inhaltliche Grenzen und Schwerpunkte, die sich allerdings weniger aus dem Handbuchwissen alteuropäischer Mythologie und Literatur als aus der historischen Konkretion des geistigen und politischen Klimas erklären lassen, in dem die »Primavera« entstand.

Die Rätsel der Erscheinung

Die »Primavera« gehört zu den meistdiskutierten Gemälden der abendländischen Kunstgeschichte. Daß kaum einer der Renaissanceforscher versäumt hat, sich zu diesem Bild zu äußern, liegt vor allem an der herausfordernden Rätselstruktur ihrer Formen. Die Probleme beginnen mit dem Gefüge ihrer neun wie auf einer Naturbühne agierenden Personen. Wer heute vor das restaurierte Gemälde tritt, wird überwältigt durch die Brillanz der malerischen Vergegenwärtigung antiker Götter, aber er wird nicht weniger irritiert durch deren begriffliche Entrückung. So unmittelbar der Zugang zu den großformatigen Figuren wirkt, so unüberwindlich bleibt die Atmosphäre einer fremden, distanzierten Welt.

Auf einer ovalen, bühnenartig sich öffnenden Wiese gruppieren sich neun Personen zu einem eigenartigen Beziehungsgefüge. Aus der mittleren Bildachse ein wenig nach rechts gerückt, schwebt ein pfeilschießender Putto über einer schräg von vorn sichtbaren, reich bekleideten Frau. Sie wendet sich zur linken Bildhälfte in Richtung einer Gruppe von drei mit durchsichtigen Schleiergewändern versehenen Tänzerinnen. Am linken Bildrand erhebt ein nach außen gewandter junger Mann einen Stab in die Blattzone jener Bäume, die das natürliche Bühnenoval im Bildmittelgrund umstehen. Die Dreiergruppe in der rechten Bildhälfte zeigt eine blumengeschmückte, energisch nach vorn ausschreitende Frau, während ihre wiederum nur mit einem Schleiergewand versehene Nachbarin nach links stürzt, sich aber in Gegenrichtung zurückwendet zu einem flügelbewehrten Mann, der nach ihr zu greifen sucht.

Der eingangs erwähnte, besonders im Gedicht Scalas repräsentierte Vergleich von Pflanzen- und Menschenwelt findet in Botticellis Gemälde eine Bestätigung in Form der Grenzaufhebung zwischen Bewuchs und Personen. Den aufrecht sich bewegenden Gestalten der linken Bildhälfte entsprechen die hinter ihnen postierten geraden Stämme, während die gebogenen, durch den Sturmeinbruch gebeugten Bäume am rechten Bildrand das Niederfliegen des männlichen Flügelwesens ebenso aufnehmen wie die gekrümmte Haltung der fliehenden Frau. Ähnlich korrespondiert der Bewuchs mit der vor der Fliehenden ausschreitenden Frau. Hinter ihrem Kopf setzt sich ein Baumstamm fort, als würde er ihren Leib verlängern, oder als würde sie selbst, den Stamm bildend, die Baumkrone tragen. Die auffälligste Gleichsetzung von Personen und Vegetation schließlich zeigt der Bogen, der sich vom Gesicht dieser Frau über den hinter ihr aufragenden Baumstamm und die Blattkrone bis zur rechten Tänzerin aufspannt. Dieser Halbkreis umfängt die mittlere Frauengestalt wie ein pflanzlicher Baldachin, dessen Stützen durch die flankierenden Frauen erzeugt werden. Die Bäume und Sträucher bilden insgesamt keineswegs nur einen Rahmen, sondern sie kommunizieren mit den

Personen, als wären sie ihrerseits zu Bewegung und Gestaltung fähige, handelnde Wesen.

Zwischen den Bäumen schimmert im Hintergrund eine blaßbläuliche, Fernsicht anzeigende Atmosphäre. Hinter der Fliehenden in der rechten Bildhälfte sind die leicht gewölbte Linie eines Feldes und darüber das unterschiedlich schattierte Blau ferner Berge schwach zu erkennen. Auf der gegenüberliegenden Seite erscheint neben der linken Tänzerin eine in großer Ferne aufragende Felswand, und vor der männlichen Gestalt tauchen am linken Bildrand über der erdigen Fläche ein Gewässer und verschiedene, blau verhangene, sich gegeneinander schichtende Höhenzüge auf.

Die von den Seiten her erahnbare Horizontlinie besitzt trotz ihrer imaginären Fortsetzung im Bildmittelteil eine kompositorische Funktion. Ihre Biegung erzeugt die hintergründige Basis, vor der sich die vorderen Schichten des Gemäldes mit dem Oval der Wiese, der zwischen den Stämmen sich auftuenden Lichtzone und der Sphäre der Baumkronen in schärferer Krümmung aufbauen. Ohne die Entsprechung zwischen Pflanzenwelt und Personen und ohne diese scharf bezeichneten Schichten des Mittel- und Hintergrundes, die das Geschehen wie unter einer Glocke zusammenfassen, blieben die handelnden Personen bindungslos. Denn so kunstvoll sie zueinander gruppiert sind, bleiben sie doch wie in schlafwandlerischer Abgeschiedenheit rätselhaft für sich: Der Mann links wendet sich von der Gruppe der Tänzerinnen ab, die, wie sich zeigen wird, bei aller Verschränkung je für sich ein Eigenleben führen. Entsprechendes gilt für die aus dem Bild herausschreitende Anführerin der Dreiergruppe in der rechten Bildhälfte *(Abb. 2)*. Ihr intensiver, offener Blick entspricht ihrem relativ forschen Schritt; um so eigenartiger aber wirkt, daß sie trotz ihrer bewegten Wachheit die Szene am rechten Bildrand nicht zu bemerken scheint. So stark sie kompositorisch mit der umschleierten Frau und dem Flügelwesen verbunden ist, so entschieden bleibt sie eine Einzelperson,

2 Sandro Botticelli, Ausschnitt aus »Primavera« Der Windgott Zephir greift nach der fliehenden Nymphe Choris, die sich in die Blumengöttin Flora verwandelt

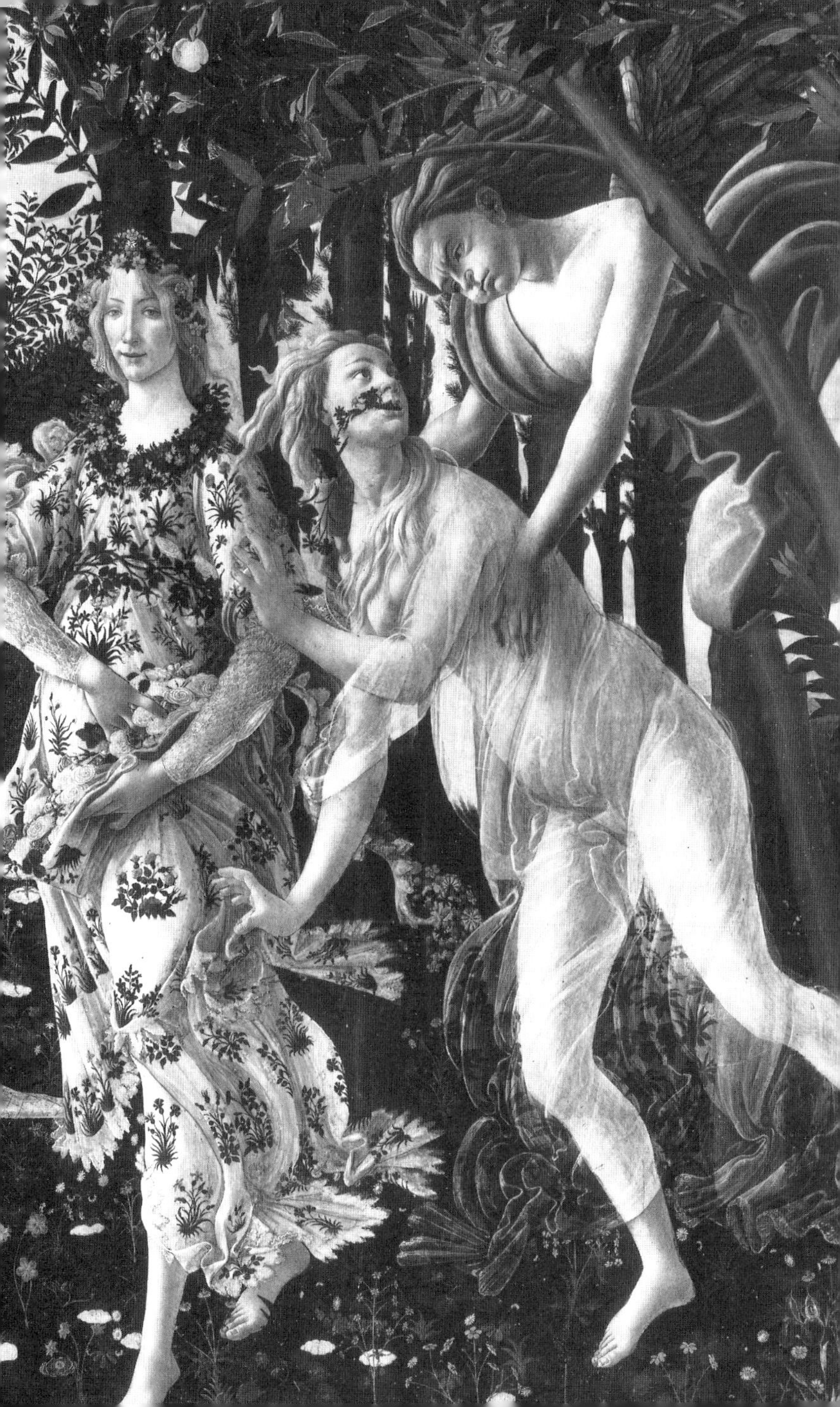

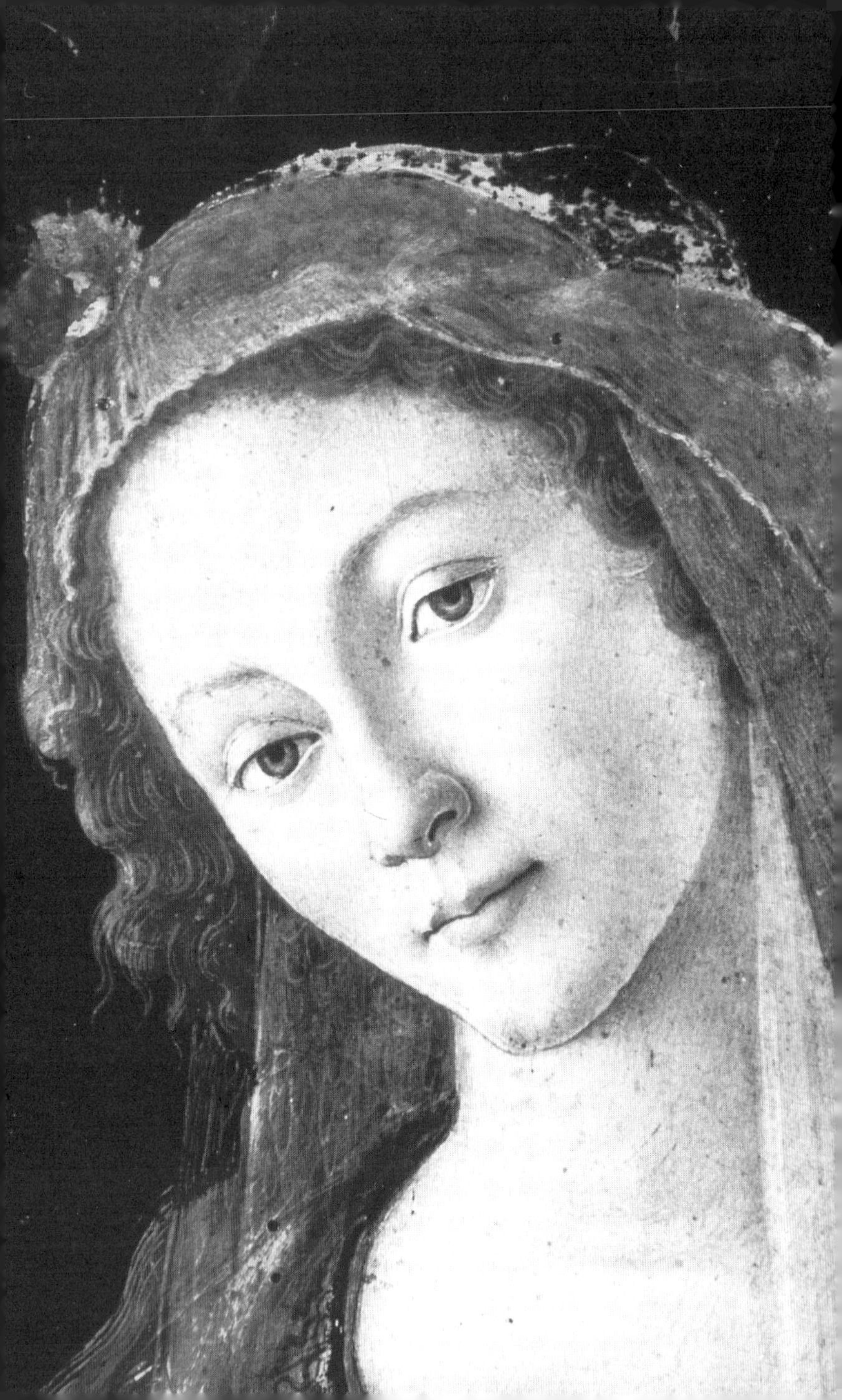

3 *Sandro Botticelli, Detail aus »Primavera«, Kopf der Venus*

die wie ein Versatzstück aus einem anderen Zusammenhang in die Szene gesetzt worden zu sein scheint.

Die rätselhafte Verwirrung des Zusammenwirkens der Personen findet ihre Überkrönung in der Handlung des Putto, der einen brennenden Pfeil mit verbundenen Augen in Richtung der Tänzerinnen abzuschießen im Begriff ist. Das Zentrum aller Unbestimmtheit aber bieten Geste und Gesicht der unter ihm sich darbietenden Hauptperson. Die Bewegung ihrer rechten Hand könnte an den Betrachter gerichtet sein, würde sie nicht zur Seite weisen; sie könnte an den Mann am linken Bildrand appellieren, hätte sich dieser nicht abgewendet, und sie könnte den drei Tanzenden gelten, stünden diese nicht zu nah im Vordergrund, um direkt von der Geste angesprochen zu werden.

Hintergründig unbestimmt erscheint auch die Physiognomie dieser Frau *(Abb. 3)*. So intensiv sich der Betrachter von ihr wahrgenommen sieht, so unentschieden muß bleiben, ob in ihrem Blick etwa Zuneigung, Abschätzung, Trauer oder Mitleid liegt und ob sie wirklich mit der Außenwelt beschäftigt ist oder nicht eigentlich nach innen sieht, als würde sie außerhalb ihres Rahmens nur den Reflexionsgrund ihrer eigenen Gedanken erkennen. Dieser unauflösbar sibyllinische Blick entsteht vor allem durch die unterschiedliche Behandlung der Augenlider *(Abb. 4)*. Die tief hängenden, jeweils die Pupillenränder bereits überschneidenden Oberlider erzeugen gemeinsam eine eigenartig melancholisch-verhangene Atmosphäre. Den eigentlich rätselvollen Zug dieser Augen aber bewirken ihre Unterschiede; gegenüber dem linken sind die Lider des rechten Auges, durch innere Lidstriche fast unmerklich betont, tiefer herabgezogen, so daß der Kreis der Pupille oben stärker überschnitten ist, während unten entsprechend das Weiß des Augapfels in schmaler Bahn zwischen Pupille und Unterlid tritt. Diese Unterschiede werden verstärkt dadurch, daß das rechte Auge höher liegt als das linke, als würden die beiden

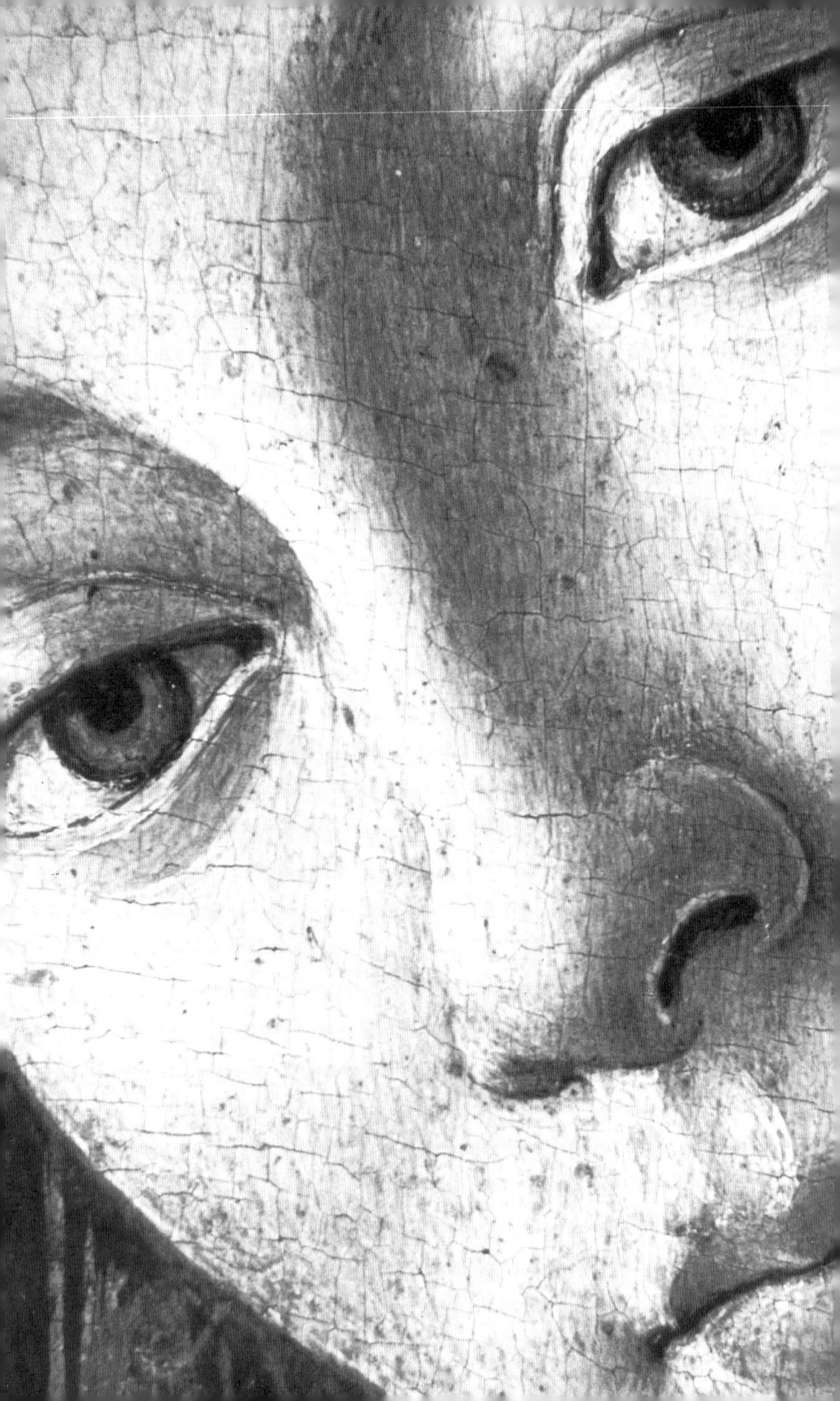

4 *Sandro Botticelli, Detail aus »Primavera«, Gesicht der Venus*

Gesichtshälften zu zwei unterschiedlichen Personen gehören; deckt man abwechselnd den einen oder den anderen Gesichtsteil zu, so ergeben sich auf fast gespenstische Weise zwei unterschiedliche Wesen mit verschiedenen Stimmungslagen. Zu den Paradoxien der Augenpartie gehört, daß das linke, für den Betrachter weiter zurückliegende Auge kleiner ist, daß es aber den entschiedeneren, stärker fixierenden Blick vorträgt, während das größere rechte Auge in seiner stärkeren Verhängung einen eher trauervollen oder zumindest nachdenklichen, passiven und introvertierten Ausdruck suggeriert. Die beiden voneinander abweichenden Augen erzeugen solcherart eigene Werte, ohne die Einheit der Physiognomie preiszugeben. Je länger man dieser Gestalt ins Gesicht sieht, desto stärker glaubt man, an ihr oder an sich selbst irre zu werden.

Was sich bis in die Einzelzüge der Figuren als Ineinander von Bindung und Entzweiung abspielt, führen auch Wind und Licht vor. Der von rechts her einbrechende Sturm, der die Gestalt der Fliehenden umfaßt und über ihren näheren Umraum hinausreichen müßte, hat bei der voranschreitenden Frauengestalt keine Geltung mehr; geradezu provokant berühren sich die wegflatternden Säume ihrer Gewandhüllen kurz über dem Boden, weichen einander aber in entgegengesetzter Richtung aus. Wie die Figuren des gesamten Gemäldes bei allem Beziehungsgeflecht doch auch und vor allem für sich stehen und selbst in der Gruppenzugehörigkeit eine eigenartige Autonomie bewahren, so gibt es offenbar keine verbindliche Windrichtung, sondern nur eine Art Lokalwind, der jenseits der Person seiner Bestimmung eine abrupte Grenze findet.

Ähnliches gilt für die Lichtführung. Zwar ist durchgängig zu erkennen, daß ein diffuses Licht von links her in die Lichtung scheint, aber die drei Tanzenden entwickeln durch die Lichtbrechungen ihres Schleiergewandes ein so sprühendes Eigenlicht, daß sie wie von innen her erleuchtet wirken. Vor allem der sich über dem Oberarm der rechten Tänzerin aufbau-

schende, wie im Gegenlicht aufflammende Stoff erweckt den Eindruck, als wäre er nicht von links, sondern von einer Lichtquelle hinter dieser Gestalt erleuchtet, und von diesem imaginären Leuchten scheint auch der fliegende Engel über der Gesamtszene beschienen, so daß auch die Lichtführung das Gefüge dieses Gemäldes zu zerstäuben scheint.
Ungeachtet dieser fast beängstigenden Züge der Selbstisolierung und inneren Brüchigkeit der Personen und der Zerstörung des Einheitsraumes durch Wind und Licht, ist das Gemälde von einer unergründlichen Harmonie erfüllt, die nicht allein auf die stützende Korrespondenz von Bäumen und Personen und auf die Kompositionslinien von Mittel- und Hintergrund zurückzuführen ist. Angesichts dieser widersprüchlichen Erscheinung bewirkt der erste, irritierende Zugang zur Form der »Primavera« das Eingeständnis, daß zu ihrer Enträtselung die Augen nicht ausreichen. Vor einer zweiten Formanalyse sollen daher die Bildmotive hinsichtlich ihres Sinngehaltes, ihrer literarischen Wurzeln und der historischen Bedingungen ihrer Zusammenstellung untersucht werden.

Der stoffliche Gehalt

Noch zu Lebzeiten Botticellis spricht ein Anonymus in etwas eigenartiger Fixierung allein von »nackten Frauen, schöner als irgend etwas anderes«.[9] Wenige Generationen später scheint der Blick auf die Grazien auch die Wahrnehmung von Giorgio Vasari, dem großen Künstlerhistoriographen, getrübt zu haben. In dem im Landsitz der Medici in Castello bewahrten Gemälde sieht er allein eine »Venus, die die Grazien mit Blumen schmücken, um den Frühling zu verkünden«.[10] Immerhin hat Vasari mit diesem Hinweis das Stichwort für den Bildtitel »Primavera« gegeben, der sich durchgesetzt hat, wiewohl spätere

Inventare andere Bezeichnungen wie den »Garten von Atlas« oder den »Garten der Hesperiden« vorgaben.[11]

Erst die durch Aby Warburgs Dissertation (1893) begründeten ikonologischen Forschungen vermochten den stofflichen Gehalt des Gemäldes als eine Mischung aus antiken und zeitgenössischen literarischen Quellen zu erschließen, deren Grundwurzeln zu den Werken von Horaz, Seneca, Lukrez und Ovid reichen.[12] Warburg zufolge zeigt das Gemälde in Form der leicht zurückgesetzten, etwa in der Bildmitte erscheinenden Frauengestalt die Liebesgöttin »Venus in königlichem Schmuck in ihrem Reiche«; über ihr verschießt ihr Sohn Cupido einen brennenden Pfeil, und rechts vor ihr schreitet die Frühlingsgöttin Primavera blumenstreuend voraus, während am Bildrand die von Zephyr verfolgte Nymphe Flora die Frühlingsblumen aus ihrem Mund sprüht. In der linken Bildhälfte kommen die Grazien unter der Führung des Merkur zur Gefolgschaft der Venus hinzu.

Bei dieser Identifizierung bleibt die Gestalt der Primavera problematisch, weil eine solche Person in der antiken Götterfamilie unbekannt war und höchstens als Allegorie Erwähnung fand. Spätere Interpretationen gingen daher auf eine schon vor Warburg geäußerte Deutung zurück, derzufolge in der Szene rechts *(Abb. 2)* vor Zephyr und Chloris nicht etwa die blumenbedeckte Primavera, sondern nochmals Chloris in neuer Identität als Flora erscheint.[13] Ovid hatte Chloris als schöne, aber doch etwas derbe und plumpe Erdnymphe beschrieben, die sich nach ihrem Raub durch Zephyr in die Blumengöttin des Frühlings verwandelte. In der Selbstaussage dieser Göttin: »Einst war ich Chloris, die ich jetzt Flora genannt werde«,[14] war ausgesprochen, daß mit der Umwandlung des griechischen in den römischen Namen auch eine neue Identität verbunden war. Chloris stürzt taumelnd und wie von Sinnen nach vorn, während sie als Flora aufrecht und stolz, in ihrer königlichen Präsenz als Gattin des Zephyr um

Beträchtliches gewachsen, ausschreitet. Nach Art eines mittelalterlichen Simultanbildes repräsentieren beide Frauenfiguren dieselbe Person einmal vor und einmal nach der Verwandlung, womit erklärbar wird, warum sie sich trotz ihrer räumlichen Nähe nicht bemerken und warum ihre Gewänder, in Gegenrichtung bewegt, dennoch aufeinander zuwehen: Auch die Winde gehören unterschiedlichen Zeiten an. Diese Entwirrung der Namen löst auch das Rätsel um Vasaris Begriff »Primavera«. Nicht eine besonders ausgewiesene Person war mit diesem »Frühling« gemeint, sondern allein das Fluidum der Jahreszeit, die mit diesem Gemälde zu verbinden war.

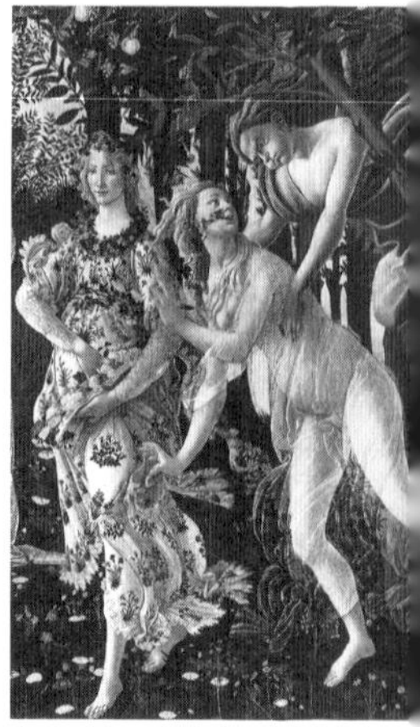

Verkörperungen des Dreischrittes von Wollust, Keuschheit und Schönheit in Zephir, Chloris und Flora (links) und den drei Grazien (rechts). Vgl. Abb. 2 und 35

Die Benennung von Zephyr, Chloris und Flora ermöglichte, in der Dreiergruppe am rechten Bildrand eine dialektische Aufhebung von Gegensätzen zu erkennen; eine »discordia concors«, derzufolge aus dem widersprüchlichen Zusammenspiel von Wollust und Keuschheit die Schönheit entsteht: Die widerstrebenden und doch zueinander gezogenen Zephyr und Chloris vereinigen sich mit der Schönheit der Flora zur Trias von Voluptas (Wollust), Castitas (Keuschheit) und Pulchritudo (Schönheit).[15] Im Sinne dieses Einklanges von Widersprüchen erklärt sich, warum Zephyr die begehrte Nymphe trotz seines Ungestüms kaum zu ergreifen wagt und warum andererseits die widerstrebende Chloris zu ihrem Verfolger doch auch hingezogen zu sein scheint.

Einen entsprechenden Dreischritt formuliert die Gruppe der drei Grazien *(Abb. 35)*. Der blinde Cupido zielt mit traumwandlerischer Sicherheit auf die mittlere Gestalt, bei der sich unter der Zuwendung der von links auf sie zutanzenden Gefährtin das Hemd gelöst, die Haare geöffnet haben, während die perlengeschmückte Grazie rechts eine innerlich und äußerlich besänftigte Selbstgewißheit als Synthese vorführt. Der Zusammenhang mit Cupido weist aus, daß bei aller Treue gegenüber literarischen Quellen, die im Tanz der Grazien zumeist den Dreiklang von Geben, Nehmen und Zurückgeben thematisieren, hier ebenfalls das Zusammenspiel von Wollust,

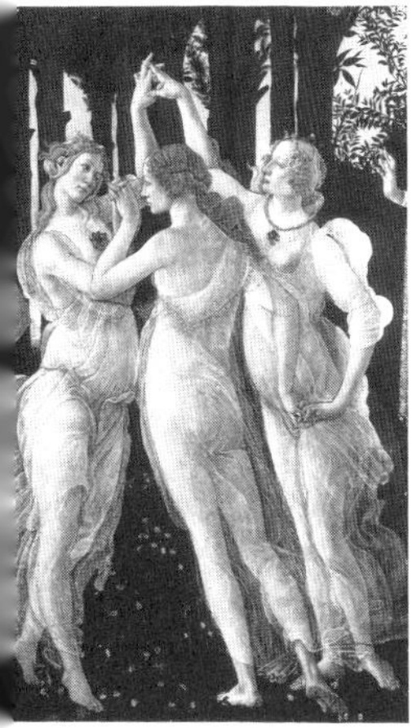

Keuschheit und Schönheit gefaßt wurde. In der linken Grazie ist eine dezente Andeutung von Voluptas, in der mittleren, von Cupido angezielten Tänzerin die Keuschheit und in der rechten Gestalt die Schönheit zu erkennen.[16]

Die Identifizierung der beiden Frauen der rechten Bildhälfte als Chloris und Flora bietet somit den gedanklichen Schlüssel auch für die Gruppe der drei Grazien. In die von rechts nach links zu lesende Abfolge der Figuren von Zephyr zu Chloris und Flora über Venus mit Cupido zu den drei Grazien und bis zu Merkur binden sich zwei Variationen des Dreiklanges von Wollust, Keuschheit und Schönheit ein. Venus als durch ihren Sohn Cupido betonte, leicht erhöhte und in die Tiefe gesetzte Hauptperson ist begleitet von zwei die Dialektik der Liebe repräsentierenden Dreiergruppen, von denen die linke von Merkur geführt wird, während die rechte in die Frühlingsgöttin Flora mündet.

Dieser Zusammenhang von Venus- und Frühlingskult schien zu bestätigen, daß die »Primavera« ursprünglich zur Ausstattung jener Landvilla der Medici in Castello gedacht war, in der Vasari das Gemälde gesehen hatte. Ungeachtet ihrer unterschiedlichen Ergebnisse bezogen sich die Interpreten auf jene Villa, seitdem Ernst Gombrich das Gemälde mit dem Erwerb dieses Landgutes durch Lorenzo di Pierfrancesco im Jahre 1477 in Verbindung gebracht hatte.[17] An dieses Datum knüpfte sich Gombrichs von zahlreichen Autoren aufgenommene neuplatonische Lesart des Gemäldes. Im Jahre 1477 wäre Lorenzo di Pierfrancesco erst 14 Jahre alt gewesen, und die »Primavera«, so Gombrich, sollte dem Halbwüchsigen auf seinem neu entstandenen Landgut belehrend vor Augen halten, daß er nicht der leiblichen Venus, sondern ihrer vergeistigten und moralischen Erscheinung als »Humanitas« zu folgen hätte.

Neue Voraussetzungen

Datum, Anlaß und geistige Bestimmung der »Primavera« schienen geklärt. Um so überraschender wirkten zwei Veröffentlichungen des Inventars aller Besitzungen der jüngeren Medici-Linie, die im Jahre 1499 erstellt wurden. Sie führten die »Primavera« nicht unter den Kunstobjekten des Landsitzes in Castello auf, sondern als Wandschmuck für einen Raum im Erdgeschoß des Stadtpalastes des Lorenzo di Pierfrancesco in der Via Larga (heute Cavour): »Eine über dem Sofa fixierte Holztafel, auf der neun männliche und weibliche Figuren gemalt sind. Auf 100 Lire geschätzt.« Da unter dem Gemälde eine bis auf den Zentimeter passende Couch stand, ist anzunehmen, daß es nicht zufällig in den Saal gehängt worden war, sondern daß es mit den Möbeln ein durchdachtes Ensemble bildete. Dies läßt den Schluß zu, daß die »Primavera« von Beginn an nicht für den Landsitz, sondern für den Stadtpalast des Lorenzo di Pierfrancesco gedacht war. Neben der »Primavera« war über einer Tür zum Vorraum mit dem Gemälde »Minerva und der Kentaur« ein weiteres Werk Botticellis angebracht,[18] das, wie die spätere Analyse zeigen soll, mit der »Primavera« in ursächlicher Verbindung stand.

Mit dieser Lokalisierung war Gombrichs Datierung der »Primavera« auf das Jahr 1477 die Grundlage entzogen, und mit der Lösung vom Jahr des Ankaufs der Castello-Villa war fragwürdig geworden, ob die »Primavera« tatsächlich als Erbauungsbild für einen Halbwüchsigen gedacht war.[19] Der Weg war frei für eine Neudatierung sowie für eine Neubestimmung des Anlasses und des gedanklichen Horizontes des Gemäldes. Besonders ein Ereignis schien zur Ikonographie der »Primavera« glücklich zu passen: Lorenzo di Pierfrancescos Hochzeit mit Semiramide Appiani im Jahre 1482. In dieser Lesart erscheint die Erjagung von Chloris als mythische Fassung des rituellen Motives des Brautraubes, verspricht die Überfülle der Vegetation die Segnungen der Heirat.[20]

Gegen die Annahme, daß jede einzelne der aus dem Mund der Chloris heraussprudelnden Blumen wie auch der Pflanzen von Flora und Venus sowie aller Wiesenblumen auf die Hochzeit des Jahres 1482 anspielen, konnte geltend gemacht werden, daß sich die Pflanzenwelt nicht allein auf einen Heiratsakt beziehen läßt. Außer Frage steht allein, daß die Blumen der »Primavera« mit verschwindend geringen Ausnahmen im Gebiet von Florenz anzutreffen waren und daß sie ausschließlich im April und Mai blühten. Sie lassen sich nicht auf eine Hochzeitsmetaphorik reduzieren, verstärken aber die Frühlingsaura des Gemäldes.[21]

Einer ausschließlichen und vordergründigen Beziehung der »Primavera« auf die Hochzeit Lorenzo di Pierfrancescos mit Semiramide Appiani widersetzen sich auch die Daten. Der Hochzeitskontrakt wurde im April 1481 unterschrieben. Selbst wenn Lorenzo di Pierfrancesco die »Primavera« zu diesem Zeitpunkt in Auftrag gegeben hätte, wäre die Ausführung für Botticelli nicht in Frage gekommen, da er sich bereits im Juli zur Ausmalung der Sixtinischen Kapelle nach Rom begab. Die Hochzeit, die zunächst auf Mai 1482 festgesetzt worden war, durch den Tod der Mutter von Lorenzo di Pierfrancesco aber auf Juli verschoben werden mußte, hat Botticelli trotz dieser Verlegung verpaßt, da er erst im Herbst 1482 nach Florenz zurückkam. Frühestens zu diesem Zeitpunkt kann Botticelli mit der »Primavera« begonnen haben, so daß ein ursächlicher Zusammenhang mit der Hochzeit des Lorenzo di Pierfrancesco auszuschließen ist.

Römische Vorbilder

Neben diesen äußeren Daten erweisen die Gestaltformen der »Primavera« selbst, daß sie erst nach Botticellis Aufenthalt in Rom entstanden sein kann. Zur Zeit seines Rombesuches waren im Antikengarten der Familie del Bufalo mehrere Skulpturen zu besichtigen, die Botticelli offensichtlich studiert hat und die ihm zur Entstehungszeit der »Primavera« durch Zeichnungen oder aus der Erinnerung präsent genug waren, daß er sie für die Gestaltung der weiblichen Figuren nutzen konnte.
Als Vorbild für Flora hatte bereits Warburg eine von ihm als »Pomona« betitelte Florentiner Herbstnymphe angeführt.[22] Im fünfzehnten Jahrhundert aber

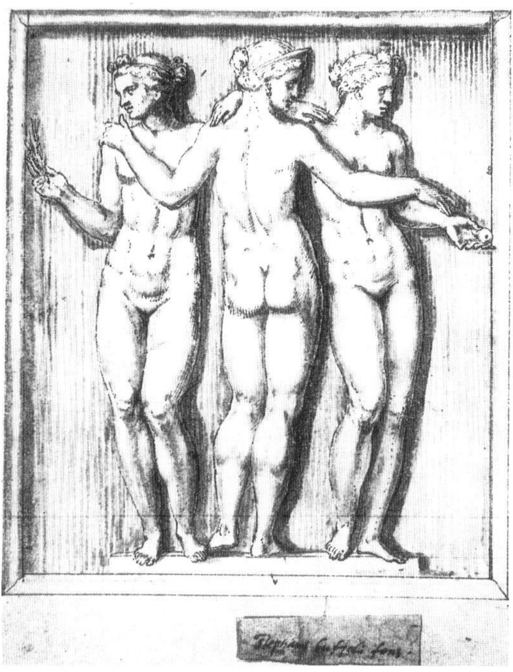

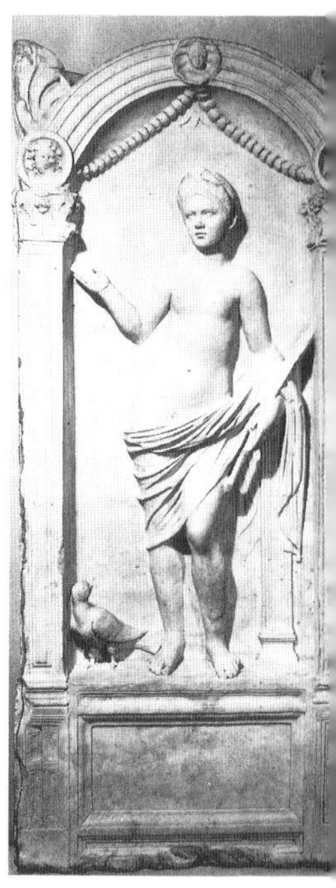

5–8 Antiken aus der ehemaligen Sammlung del Bufalo, die den Frauengestalten der »Primavera« als Vorbild dienten: 5 Zeichnung nach dem verlorenen Relief der drei Grazien (Codex Coburgensis, Veste Coburg), 6 Venus Victrix (London, British Museum) 7 Herbsthore (Florenz, Uffizien) und 8 Hore (Florenz, Uffizien)

befand sie sich noch nicht in Florenz, während Rom eine Reihe von Figuren dieses Typus aufwies, unter denen sich auch die Variante der Sammlung del Bufalo befand[23] *(Abb. 7)*. Mit seiner »Flora« hat sich Botticelli relativ getreu an das Vorbild gehalten und lediglich mit den Blumen des Kleides und den Früchten in der Gewandschüssel die Jahreszeit von Herbst in Frühling vertauscht.

Eines der nicht weit von der Herbstnymphe im Blickfang der Kasinowand angebrachten Reliefs zeigt sodann eine hadrianische, halb entblößte Venus als Siegerin *(Abb. 6)*, von der offenbar die Körperhaltung, der Grußgestus und das Aufschürzen des Gewandes der »Primavera«-Venus inspiriert sind. Besonders auffällig wirkt, daß Botticelli den baldachinartigen Rahmen des Reliefs als vegetabile Architektur naturalisiert und daß er selbst die drei Kopf-

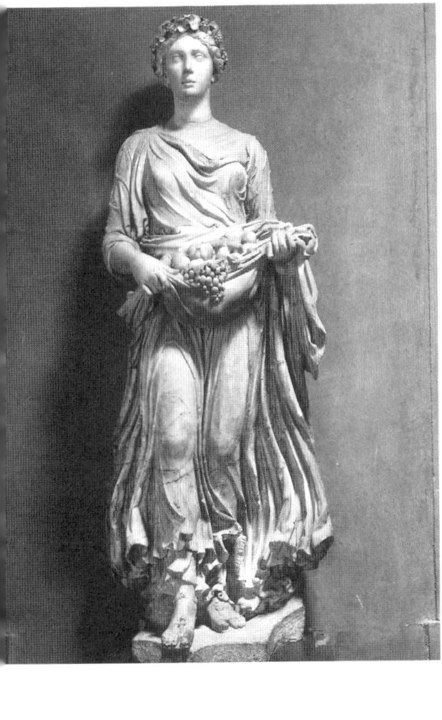

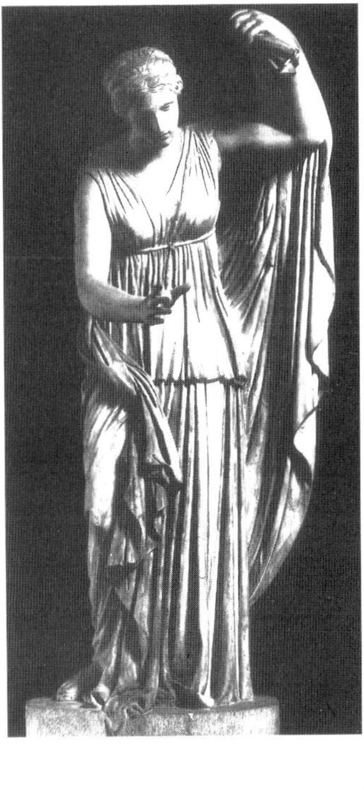

medaillons zu seiten und im Scheitel des Bogens in die Rahmung seiner Venus übernimmt: Die beiden seitlichen Gesichter sind durch die Köpfe von Flora und Pulchritudo (Schönheit) ersetzt, und im Scheitel nimmt der Liebesgott Cupido die Stelle des oberen Kopfmedaillons ein.

Neben dieser Venus hing ein Relief der drei Grazien *(Abb. 5)*, so daß der innere Personenkreis der »Primavera« in der Sammlung del Bufalo bereits als Ensemble vereint war. Hinzu kommen eine Venus-Statue, von der Botticelli die Anregung für die Bekleidung seiner »Venus« erhalten haben könnte, und eine Hore, die in ihrer vorgebeugten Haltung auf die fliehende Chloris vorauszuweisen scheint *(Abb. 8)*.

9 Sandro Botticelli, Szenen aus dem Leben Moses', 1481–82, Ausschnitt: Die Töchter Jethros, Rom, Vatikan, Sixtinische Kapelle

Konsequenzen der Restaurierung

Wie die Verwandtschaft zwischen den Töchtern Jethros *(Abb. 9)* und den Grazien ausweist, hat sich Botticelli zumindest in Details der eigenen in Rom geleisteten Arbeit erinnert, aber aufgrund der kompositorischen Unruhe der Fresken in der Sixtina sowie der Unfähigkeit, dem Gesamtgemälde einen einheitlichen Rhythmus zu geben und die Bildelemente in ein Gefüge zu binden, scheint kaum denkbar, daß die »Primavera« in unmittelbarem Anschluß an die römischen Fresken entstand. Vielmehr findet sie nach ihrer Stimmungslage und nach der verhaltenen Rhythmik ihrer Gestalten eine sehr direkte Entsprechung in den Fresken der Villa Lemmi. Die Übereinstimmungen gehen bis in die Fingerspitzen; denselben Willkommensgruß, den die »Primavera«-Venus von der sieghaften Gestik des del Bufalo-Reliefs in eine vieldeutige Verhaltenheit verwandelt hat, entbietet in dem Giovanna degli Albizzi gewidmeten Fresko die Grazie am linken Bildrand *(Abb. 10)*, und im Gegenfresko mit Lorenzo Tornabuoni erhebt die thronende Weisheit ebenso wie die vor ihr sitzende

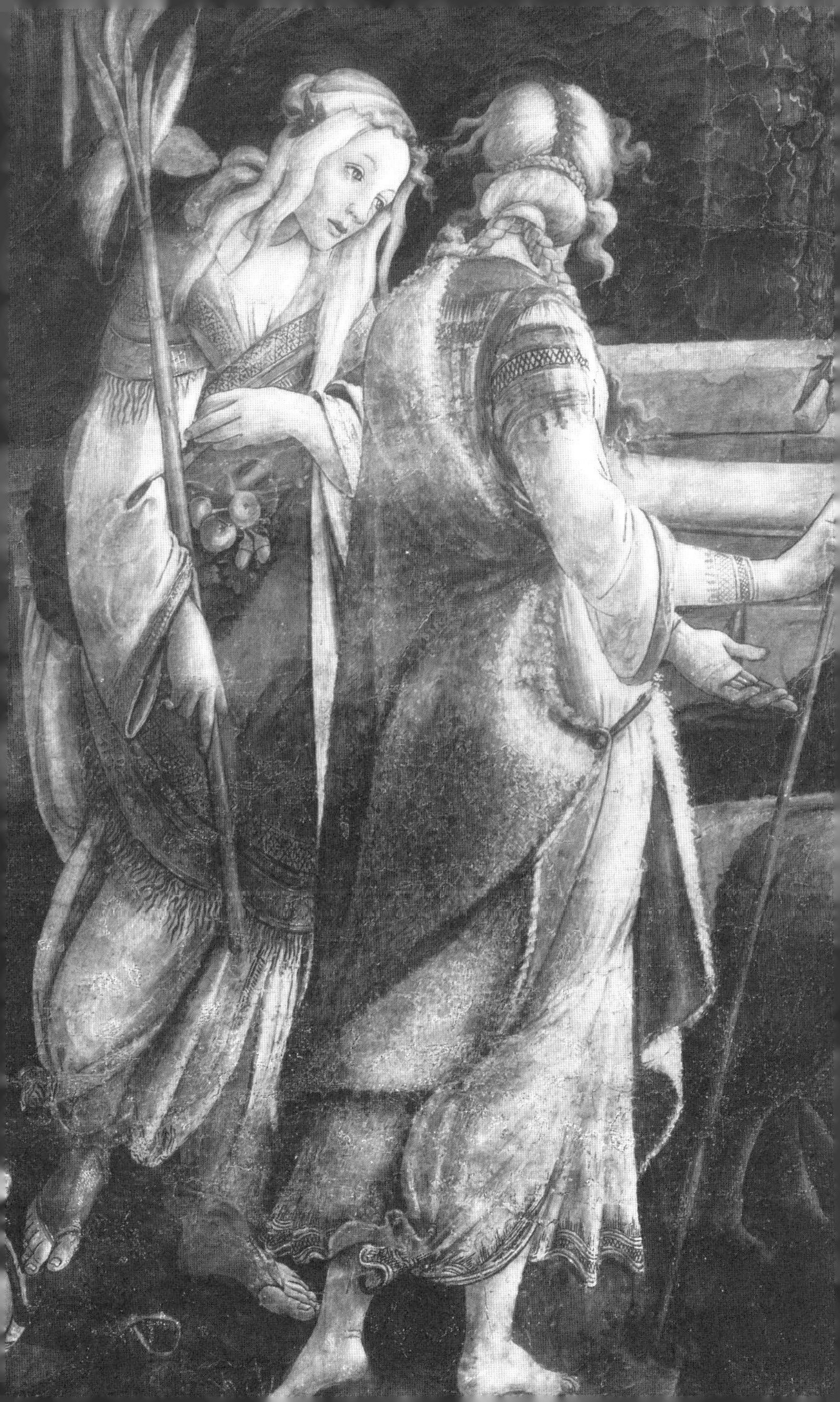

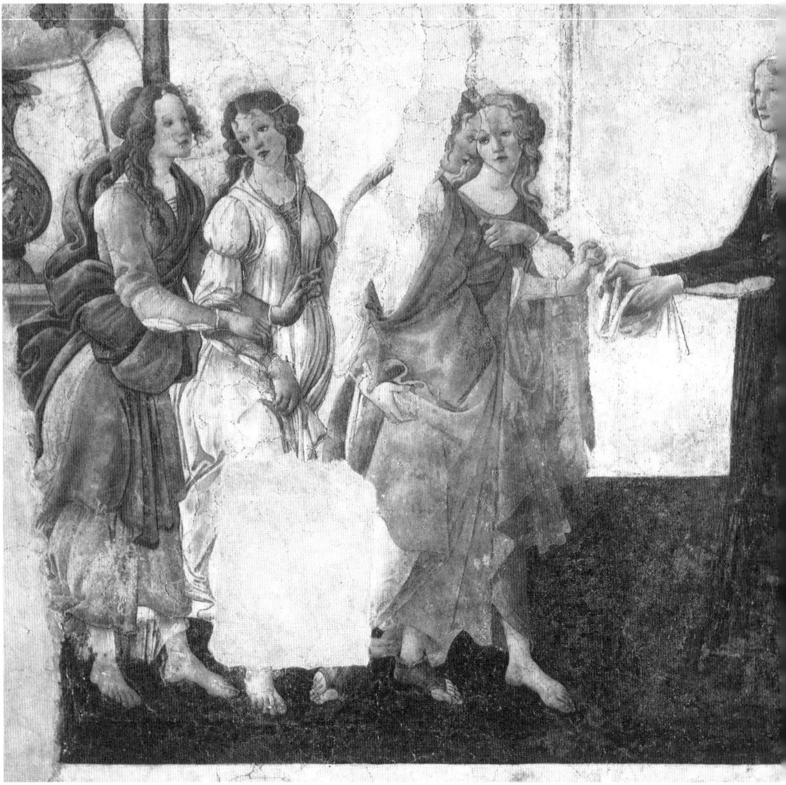

Personifikation einer der freien Künste ihre Hand in verwandter Gestik *(Abb. 11)*. Für diese Fresken ist eine Entstehungszeit zwischen 1486 und 1490 gesichert,[24] und im selben Zeitraum wird auch die »Primavera« geschaffen worden sein.
Diese späte Datierung wird gestützt durch das Ergebnis der mehrjährigen, 1982 beendeten Restaurierung (siehe Anhang). Die Reinigung des Gemäldes hat vor allem die Pflanzenwelt wiedergewonnen, die in ihrer bruchlosen, bis in die Details durchgehaltenen Präzision eine beispiellose Brillanz entfaltet. Dagegen hat die im Jahre 1987 abgeschlossene Restaurierung der »Geburt der Venus« *(Abb. 12)* bestätigt,

10 *Sandro Botticelli, Giovanna degli Albizzi vor Venus und den Grazien, zwischen 1486 und 1490, Paris, Louvre*

daß dieses für einen bislang unbekannten Auftraggeber geschaffene Gemälde ursächlich nicht als Pendant zur »Primavera« zu sehen ist.[25] Thematisch sind beide Darstellungen des Venus-Mythos natürlich aufeinander bezogen: Nachdem Venus im »Geburts«-bild bekleidet worden war, tritt sie in der »Primavera« im hesperidischen Gartenreich mitsamt ihrem Hofstaat als hoheitsvolle Königin auf. Aber abgesehen von den Unterschieden in den Maßen und Materialien bezeugen vor allem die eher summarisch hingeworfenen Blätter am rechten Bildrand und die flachen Schattierungsstriche der Baumstämme, daß zwischen beiden Werken, die auf den ersten Blick als ein Paar geschaffen zu sein scheinen, ein weiter Abstand besteht.

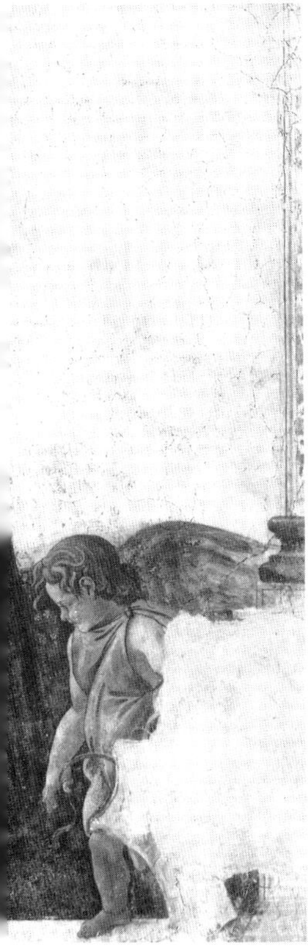

Stilistisch der »Primavera« um Jahre voraus, muß die »Geburt der Venus« etwa zur selben Zeit entstanden sein wie Botticellis »Minerva und der Kentaur« *(Abb. 29)*. Die Restaurierung auch dieses Gemäldes hat vergleichbare Schwächen im Bereich des Landschaftlichen und Vegetabilen bloßgelegt. Die Gräser zu Füßen des Kentauren und der Minerva sind lediglich mit summarischen Strichen gebildet und die Kieselsteine sind aus gleichförmigen Kreisen gebildet, die keinen Sinn für die Beschaffenheit des Bodens erkennen lassen, wie auch die Landschaft im Hintergrund relativ phantasielos bleibt. Von ähnlicher Armut wirkt auch die Gestaltung des Bodens und vor allem des Wassers in der »Geburt der Venus«. Die Differenzen zur »Primavera« liegen nicht in einer graduellen Abweichung, sondern in einem grundlegend gewandelten Anspruch hinsichtlich der Durchgestaltung der nebensächlichen und peripheren Bildelemente.

Demgegenüber wirkt der »Bardi«-Altar aus Berlin-Dahlem *(Abb. 13)*, der hinsichtlich seiner pflanzlichen Vielfalt der »Primavera« wie kein zweites Werk Botticellis entspricht, wie ein tastender Vorläufer. Sein Baldachin aus Palmzweigen über der Muttergottes erweist zudem eine motivische Beziehung zum natürlichen Rahmenmotiv der »Primavera«-

Seite 28/29
11 *Sandro Botticelli, Einführung Lorenzo Tornabuonis in den Kreis der freien Künste, zwischen 1486 und 1490, Paris, Louvre*

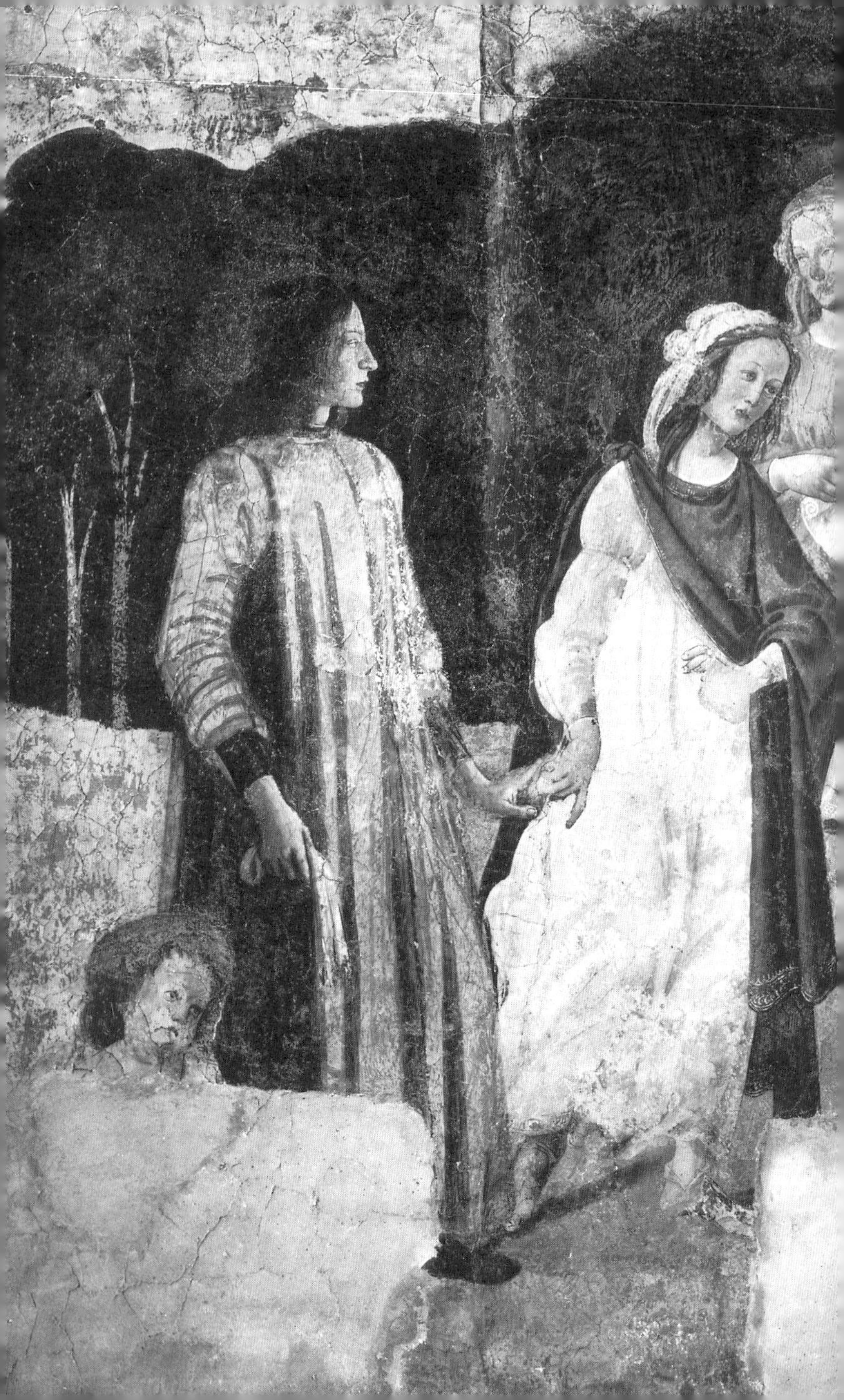

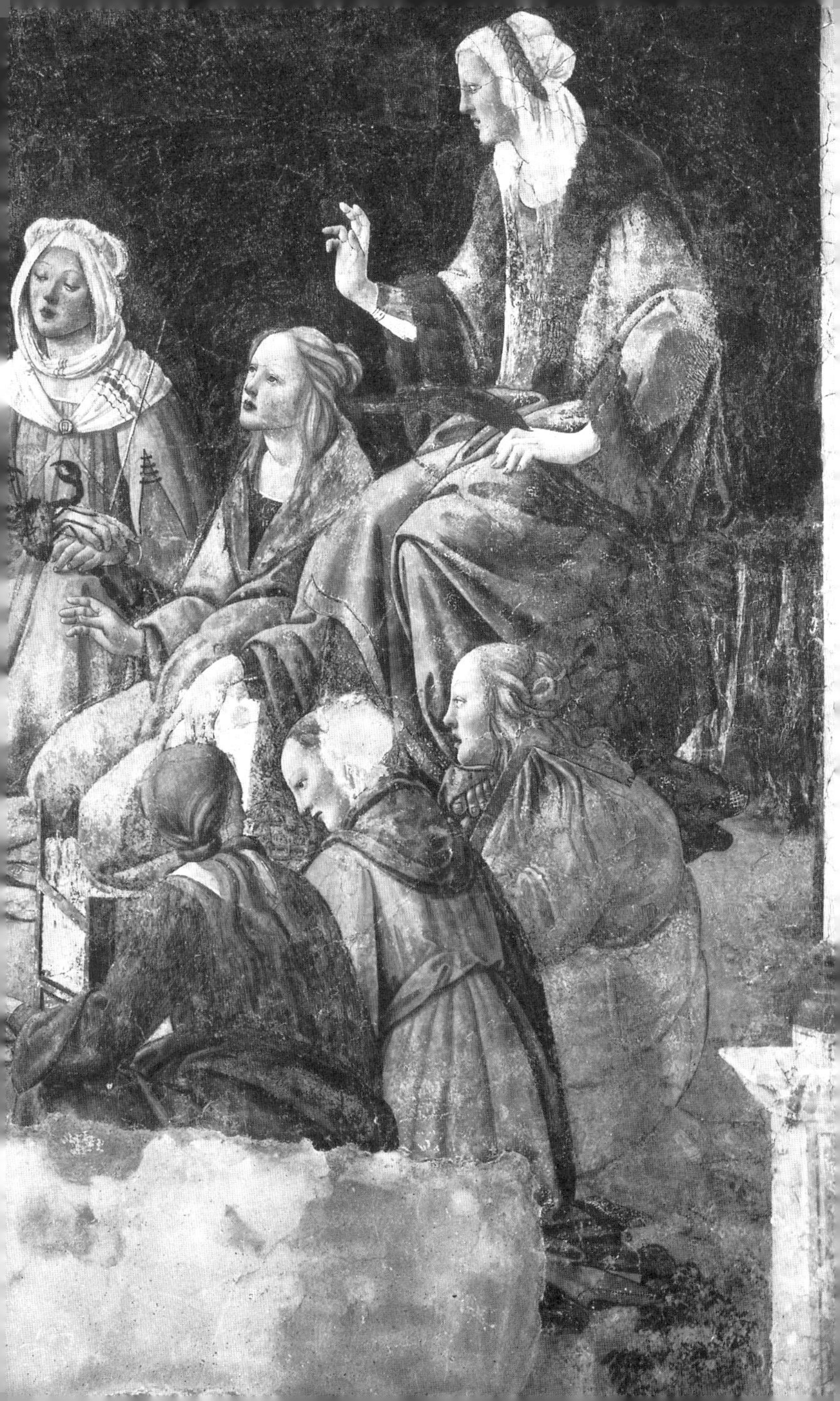

Venus, das Botticelli aus dem Bufalo-Relief in eine pflanzliche Architektur übertragen hat. Rechnungen bezeugen, daß das Berliner Gemälde in den Jahren 1484/85 gemalt und in zwei Etappen bezahlt wurde.[26] Da die »Primavera« gegenüber dem Bardi-Altarbild das kompliziertere Gebilde darstellt, dem weitaus gründlichere Studien zugrunde gelegen haben müssen, und da die Fülle der Pflanzendarstellungen in der »Primavera« das Dahlemer Gemälde nach Vielfalt und Genauigkeit übertrifft, ist anzunehmen, daß sie den Zeitraum des Bardi-Gemäldes übersteigt.[27]

Es scheint, als sei der Anstoß von außen gekommen. Am 28. Mai 1483 wurde in San Egidio in Florenz der Altar des Hugo van der Goes für Tommaso Portinari aufgestellt, der wegen Mißerfolgen von Lorenzo il Magnifico als Manager der Bankniederlassung in Brügge entlassen worden war. Die Konfrontation mit diesem Altarwerk muß einen für die italienischen Maler demütigenden Effekt gehabt haben. Man hatte die Fähigkeiten der frühniederländischen Maler schon früher geschätzt und studiert, aber was hier zutage kam, sprengte hinsichtlich seines unerbittlichen Verismus alle bis dahin geläufigen Darstellungsnormen. Neben der aufrührerischen Offenlegung des Elends muß für die Florentiner Maler vor allem das Blumenstilleben im Vordergrund herausfordernd gewirkt haben *(Abb. 14)*. Vor einem Ährenbündel erscheinen weitere, brillant illusionierte Pflanzen: zwei Feuerlilien sowie eine weiße und blaue Schwertlilie und daneben in einem venezianischen Rippenglas eine Akelei und drei rote Nelken, am Boden eine Reihe von Veilchen.[28]

Botticelli selbst hatte bereits fünfzehn Jahre zuvor in seiner Londoner »Anbetung der Könige« aus einem Gemälde von Hubert oder Jan van Eyck ein besonders schwieriges Detail gewissermaßen »gestohlen«.[29] Nun, so wäre zu folgern, wählt er die Auseinandersetzung. Botticellis plötzlich auftretende Konzentration auf pflanzliche Details könnte durch den Versuch inspiriert gewesen sein, sich auf einem

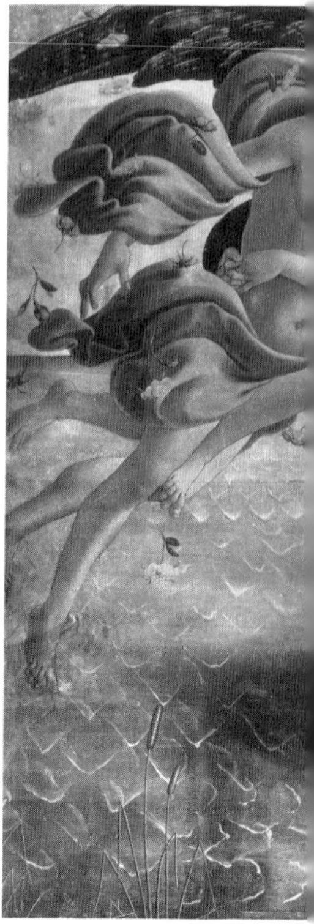

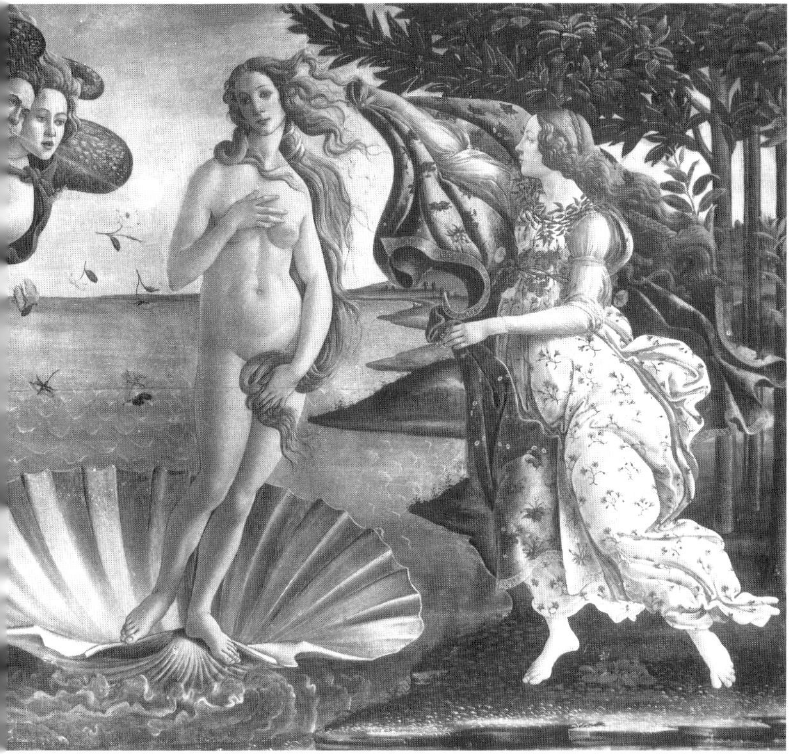

12 *Sandro Botticelli, Geburt der Venus, 1482/83, Florenz, Uffizien*

bislang durch die Niederländer beherrschten Gebiet als der Überlegene zu erweisen. Während »Minerva und der Kentaur« wie auch die »Geburt der Venus« vermutlich zwischen der Rückkehr aus Rom im Herbst 1482 und der Enthüllung des Portinari-Altares im folgenden Winter geschaffen wurden, wird die »Primavera« erst nach diesem Zeitpunkt entstanden sein.

Wie der Bardi-Altar erweist, hat Botticelli wenigstens zwei Jahre gebraucht, um im Feld des pflanzlichen Verismus dem Altar des Hugo van der Goes zu antworten; um so mehr wird dies für die »Primavera« gelten. Alle stilistischen Erwägungen weisen in die zweite Hälfte der achtziger Jahre, also in jenen Zeitraum, in dem die »Primavera« von mehreren

13 *Sandro Botticelli, Bardi-Altar, 1484/85, Westberlin, Gemäldegalerie Dahlem*

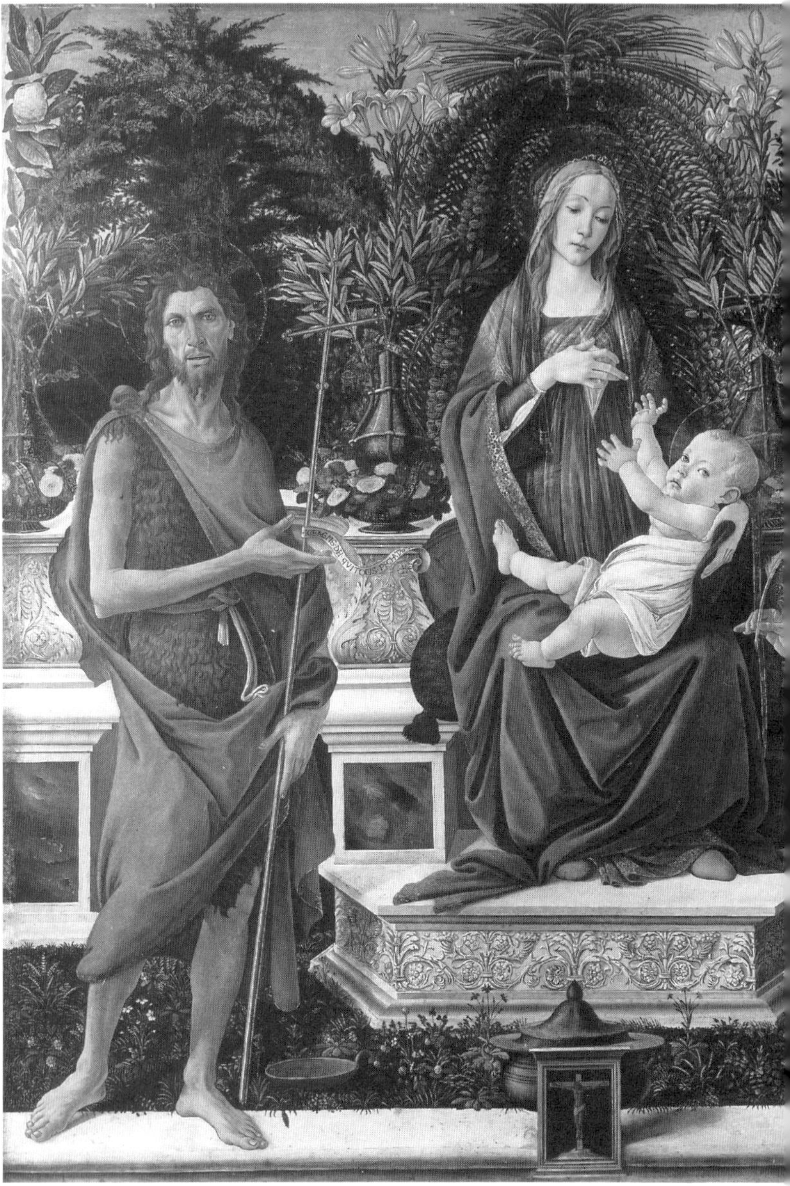

Forschern angesiedelt worden war,[30] bevor Gombrich das Jahr 1477 ins Spiel gebracht hatte.
Die Veröffentlichung des Inventars der jüngeren Medici-Linie und die Restaurierung haben je auf ihre Weise drei Generationen kunsthistorischer Forschung den Boden entzogen: Mit dem Nachweis, daß die »Primavera« aller Wahrscheinlichkeit nach ursprünglich nicht in der Landvilla von Castello, sondern im Stadtpalast des Lorenzo di Pierfrancesco hing, waren die Annahmen über Anlaß und Datierung hinfällig geworden, und mit der Freilegung der pflanzlichen Brillanz war bestätigt, daß das Gemälde bislang um fast zehn Jahre zu früh angesetzt worden war.

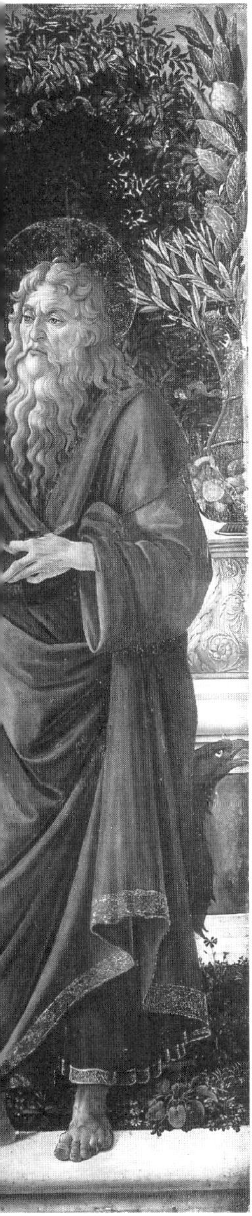

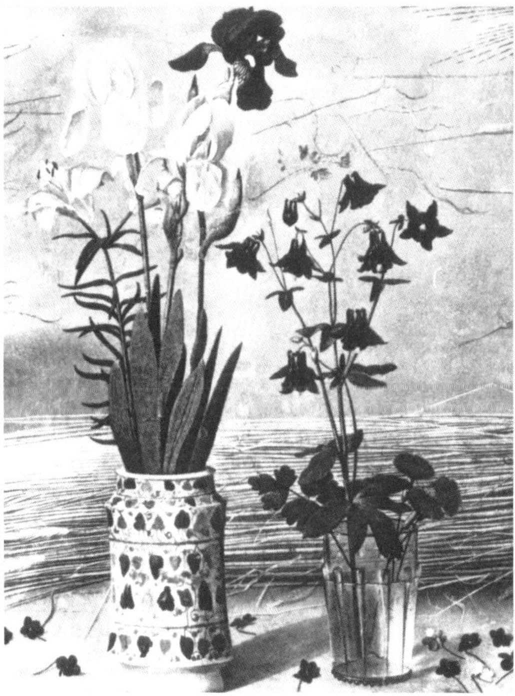

14 *Hugo van der Goes, Portinari-Altar, 1476/77, Detail, Florenz, Uffizien. Nach seiner Enthüllung im Jahre 1483 vermutlich eine Anregung für den pflanzlichen Reichtum der »Primavera«*

Lorenzo di Pierfrancesco und Lorenzo il Magnifico

Die Datierung in die zweite Hälfte der achtziger Jahre fügt sich auch den historischen Umständen. Lorenzo di Pierfrancesco war bis zur Mitte des Jahrzehnts in schweren Geldnöten, so daß er im Jahre 1484 wegen Steuerschulden aus der Steueraufsichtsbehörde ausgeschlossen wurde;[31] er wird zu diesem Zeitpunkt kaum das Bedürfnis gehabt haben, seine Schulden durch den Auftrag eines Kunstwerkes vom Range der »Primavera« zu vermehren. Ende des Jahres 1485 aber war die Situation schlagartig dadurch gewandelt, daß sich ein langwieriger Konflikt mit Lorenzo il Magnifico mit einem Teilerfolg auflöste.
Wie eingangs erwähnt, gehörte Lorenzo di Pierfrancesco dem Nebenzweig der Medici an *(Abb. 15)*. Beim Tod seines Großvaters war das Vermögen der Nebenlinie unter Aufsicht des älteren Zweiges unter Cosimo »Pater Patriae« gestellt worden. Lorenzo di Pierfrancescos Vater drängte bei Volljährigkeit sofort auf Auszahlung seines Anteiles, der ihm vor Gericht auch zugestanden wurde. Da er keinen Bruder

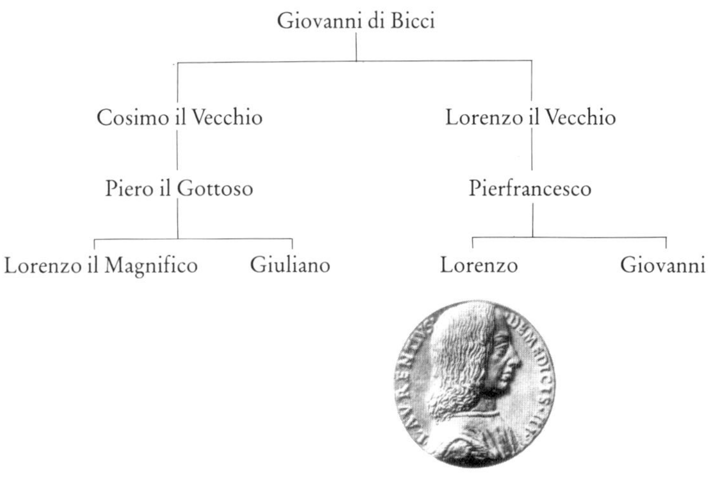

15 *Stammbaum der Medici mit der Medaille des Lorenzo di Pierfrancesco*

hatte, wurde er auf einen Schlag doppelt so reich wie Lorenzo il Magnifico, der mit seinem Bruder Giuliano teilen mußte.

Der Ärger saß offenbar von beiden Seiten her tief. Wie Lorenzo il Magnifico dem Vater Lorenzo di Pierfrancescos das Geld mißgönnte, so war diesem die Macht des weniger bemittelten »Magnifico« eine Quelle dauernder Herausforderung. Das Verhältnis der beiden brüderlich-verfeindeten Familienzweige blieb, wie dies die verwandtschaftlichen Bindungen und der gemeinsame Name der Medici erforderte, äußerlich intakt, aber dessen ungeachtet hat der Vater Lorenzo di Pierfrancescos nicht *eine* Gelegenheit ausgelassen, die Suprematie des durch den »Magnifico« repräsentierten Hauptastes der Medici zu untergraben.

Als ihr Vater starb, waren Lorenzo und Giovanni di Pierfrancesco dreizehn und neun Jahre alt – zur damaligen Zeit alt genug, um in die prekären Verhältnisse zwischen den beiden Familienzweigen eingeweiht zu sein. Es scheint, als sei Lorenzo di Pierfrancesco von Beginn an auf der Hut gewesen. Als Lorenzo il Magnifico ihm im Jahre 1476 riet, die Villa Castello zu kaufen, schrieb der Vierzehnjährige nicht ohne Unterton zurück, daß er dem Ratschlag gern folgen würde, denn: »Wir glauben, daß Ihr keinen Grund habt, uns Unheil zuzufügen«.[32]

Die folgenden Entwicklungen wird Lorenzo di Pierfrancesco um so wacher verfolgt haben, als er – anders als sein Vater – sich früh in die politischen Geschäfte der Stadt einbeziehen ließ. Im Zuge der Verschwörung der Pazzi gegen die Medici wurde ihm erstmals die Möglichkeit bewußt, im Falle einer Alternative zu Lorenzo il Magnifico die Geschicke von Florenz leiten zu können. Francesco Guicciardini erinnert sich in seiner Erörterung der florentinischen Regierungsformen, daß Lorenzo di Pierfrancesco bereits im Alter von fünfzehn Jahren als fähig erachtet wurde, die Regierung zu übernehmen: »Im Jahre 1478, als Giuliano ermordet war und Lorenzo tödlich verwundet schien, dachten wir, die wir uns eine

Fortführung der bisherigen Lage erwünschten, daß wir uns im Fall des Todes von Lorenzo an Lorenzo di Pierfrancesco wenden würden, denn er war der nächste, auch wenn dieser aufgrund seines Alters danach noch nicht getrachtet hätte.«[33]

Diese Ereignisse haben auf Lorenzo di Pierfrancesco vermutlich als ein Schlüsselerlebnis gewirkt, das ihm für seine zukünftigen Handlungen das geheime Fernziel vorgab, sich selber an die Stelle der Nachkommen der älteren Medici-Linie zu setzen. Mit siebzehn bereits war er Mitglied der Balìa, des Exekutivorgans der Regierung, mit zwanzig Botschafter in Frankreich, und im Alter von einundzwanzig wurde er zum Mitglied der Steueraufsichtsbehörde, dem ökonomisch wichtigsten Organ der Stadt, ernannt.

Die wenigen bekannten Quellen bezeugen, daß das Verhältnis zu Lorenzo il Magnifico bei aller oberflächlichen Familiarität außerordentlich gespannt gewesen sein muß. In einem undatierten Brief beklagt sich Lorenzo di Pierfrancesco, daß der Magnifico seinem Freund Amerigo Vespucci in einer nicht näher bezeichneten Angelegenheit die Hilfe verweigert habe. Wie im Gegenzug bietet Lorenzo di Pierfrancesco diesem in einem anderen Fall trotz Bedenken seinen Beistand an: »Obwohl ich glaube, daß ich hierdurch Lorenzo Ärger bereiten würde (...). Ich bin derart cholerisch, daß ich Dinge sagen würde, die jemandem mißfallen würden.«[34] Ein Brief von Marsilio Ficino an Lorenzo di Pierfrancesco vom 18. 10. 1481 ist möglicherweise in der Folge dieses Zwistes geschrieben. Angesichts derer, die einen Konflikt zwischen ihm und dem jungen Medici herbeireden wollen, mahnt Ficino in beschwörenden, teils unterwürfigen Worten zur Einheit zwischen ihm selbst, Lorenzo di Pierfrancesco und Amerigo Vespucci.[35] Als Philosoph, der Lorenzo il Magnifico besonders nahestand, fürchtete Ficino vermutlich, im Konflikt zwischen den beiden Medici-Sprößlingen als Partei angesehen zu werden.

Der Hauptgrund des seit 1481 sich steigernden Konfliktes lag darin, daß Lorenzo il Magnifico das Kapital des minderjährigen Lorenzo di Pierfrancesco und dessen Bruders rigoros für seine eigenen Interessen nutzte, ohne die Vettern auch nur entfernt an seinen Unternehmungen zu beteiligen. Hierdurch in ständigem Geldmangel, wurde Lorenzo di Pierfrancesco im Jahre 1484 aus der Steueraufsichtsbehörde wegen Steuerschulden ausgeschlossen. Der Streit um die Mittel der Nebenlinie konnte schließlich nur durch richterlichen Schiedsspruch gelöst werden. In seiner Klageschrift formulierte Lorenzo di Pierfrancesco in einem bitteren Rückblick, daß er und sein Bruder dem Lorenzo il Magnifico ihr Kapital gegen ihren Willen geliehen hätten. »Wir wurden gezwungen, es zu verleihen, und wenn wir dies nicht getan hätten, so hat er mir in seinem Büro gesagt, hätte er es sich als Treuhänder der Erbschaft genommen. Danach haben wir ihn darum jeden Tag gefragt, und wir haben uns nach Kräften bemüht, aus der Bank so viel Geld als irgend möglich herauszuziehen. Aber seit vier Jahren hat er uns an diesem Einzug gehindert.«[36] Der am 22. 11. 1485 ausgehandelte Kompromiß befriedigte keinen der Kontrahenten, verschaffte Lorenzo di Pierfrancesco und seinem Bruder aber einen unerhörten Prestigegewinn. Da Lorenzo il Magnifico seine Schulden nicht in bar bezahlen konnte, mußte er insgesamt sechsundsechzig Mühlen, Gehöfte und Villen im Mugello abtreten, unter denen sich auch die Stammvilla der Medici in Cafaggiolo befand. Wohl auch aus diesem Grund ließ Lorenzo il Magnifico in den folgenden Jahren nicht nach, den Schiedsspruch nachträglich zu seinen Gunsten zu verändern, was ihm im September 1486 und im Februar 1488 teilweise auch gelang.[37]

Ein grelles Licht wirft sodann ein Ereignis des Jahres 1489. Ein Florentiner Jugendlicher hatte einen Diener der verhaßten »Otto di Guardia«, einer von Lorenzo il Magnifico kontrollierten Überwachungsbehörde, umgebracht und war gefaßt worden. Lorenzo di Pierfrancesco und sein Bruder versuchten, bei Lorenzo il Magnifico zu intervenieren, um eine milde

Bestrafung des Delinquenten zu erreichen. Lorenzo il Magnifico aber »sagte ihnen schöne Worte, und veranlaßte, daß er auf dem Platz an einem Fenster des Bargello aufgehängt wurde«. Vier Personen, die lautstark protestierten, ließ der Magnifico verurteilen und in seiner eigenen Gegenwart so lange foltern, bis die aufgebrachten Zuschauer verstummt waren.[38] Keine Frage kann sein, daß in dieser Strafaktion auch eine Warnung an Lorenzo di Pierfrancesco und seinen Bruder ausgesprochen war. All dies wird dazu beigetragen haben, daß Lorenzo di Pierfrancesco das Los derer beklagt, »die unter einem Tyrannen leben«.[39]

Lorbeer und Florenz

Trotz oder gerade wegen ihrer verwandtschaftlichen Nähe scheinen sich die Vertreter der beiden Medici-Linien wie in Lauerstellung gegenübergestanden zu haben, seitdem der jüngere Zweig seine ökonomischen Ansprüche durchgesetzt hatte und mit diesem Teilerfolg auch seine politischen Ziele begründen konnte. Zwar hatte Lorenzo di Pierfrancesco mit dem Urteil von 1485 nicht die Führung der Medici insgesamt übernommen, aber die Übertragung der Stammvilla mußte als ein nicht zu unterschätzender, symbolträchtiger Akt gewertet werden, der den genealogischen Ursprungsort der Medici dem Besitz und damit den historischen Anspruch der Nebenlinie übereignete.

In diese Situation hinein wurde die »Primavera« gemalt. Ihr staunenswerter Gleichklang zwischen Personen und Vegetation offenbart zunächst ein ideales Verhältnis von Mensch und Natur, aber die Heraldik des Bewuchses pflanzt der Idylle durchgängig einen persönlichen Sinn ein.

Am rechten Bildrand *(Abb. 2)* beugen sich drei Lorbeerbäume, während alle übrigen Stämme Orangen

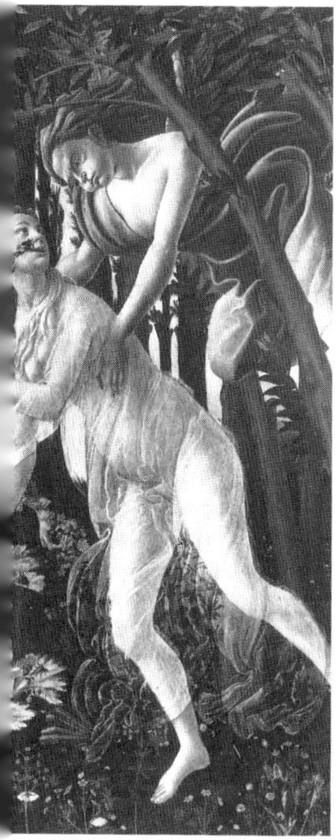

hloris, Zephir und die niedergedrückten Lorbeerbäume am rechten Bildrand der »Primavera«. Vgl. Abb. 2

tragen. Lorbeer, der Polizian zufolge im Garten der Liebe blüht, wurde von allen Angehörigen der Medici mit Namen »Lorenzo« genutzt, weil die lateinische Fassung »Laurentius« eine Beziehung zum Lorbeer, dem lateinischen »Laurus«, durch den Gleichklang der Namen nahelegte.[40] Im immer grünenden Lorbeer war auch die Idee einer pflanzlichen Wiedergeburt als Hoffnung auf ein neues Zeitalter formuliert, und mit diesem hymnischen Unterton hat der Philosoph Michele Marullo seinen Freund und Förderer Lorenzo di Pierfrancesco in Epigrammen und Hymnen mehrfach als »Lorbeer« angesprochen.[41] Der eingangs erwähnte Bartolomeo Scala wird dieselbe epochale Erwartung in seinem »De Arboribus« an die Eiche knüpfen.

Daß in der »Primavera« der Lorbeer als ein Hinweis auf den Auftraggeber zu lesen ist, bezeugt auch sein Einklang mit Flora. Die Äste des vorderen Baumes beugen sich wie ein Baldachin über Chloris hinweg über das Haupt der Flora zum Wahrzeichen von Florenz in Form einer Frau unter einem Lorbeerbaum. Wie eine Antwort auf die Flora der »Primavera« hat Lorenzo il Magnifico um das Jahr 1490 »FLORENTIA« als Frau unter einem Lorbeer auf der Rückseite seiner durch Niccolo Spinelli ausgeführten Medaille erscheinen lassen.[42] Die Lilien, die sie auf dieser Münze in der Hand hält, fehlen Botticellis Flora, tauchen aber an bedeutungsvoller Stelle auch in der »Primavera« auf. Der Zusammenklang von FLORA mit dem lateinischen FLOR(ENTI)A ergab eine so nahe Lautbeziehung, daß Flora auch auf wortmagische Weise das Symbol von Florenz abgeben konnte; diese Assoziation hatte auch Savonarola im Sinn, als er Florenz aufforderte, es solle seinem Namen gemäß FLOR(ID)A (blühend) sein.[43]

Angesichts der gebräuchlichen Verbindung von Florenz und Flora und deren vegetabilen Wachstumskräften wird sich die offensichtliche Schwangerschaft der »Primavera«-Flora zunächst auf die Versprechung eines im Überfluß strotzenden, neuen Florenz bezogen haben, aber nicht auszuschließen ist, daß in diesem Motiv der Abundantia auch ein Hinweis auf Semiramide Appiani und die Geburt des ersten oder des zweiten Sohnes (1485 und 1488) oder allgemein die Hoffnung auf reiche Nachkommenschaft mitschwang.

Fallende Flammen

Diese persönliche Wendung der geläufigen politischen Sinnbilder setzt sich durch das gesamte Gemälde fort. An der Kleidung der Venus ist zunächst das Geschmeide mit den quer über die Brüste laufenden Perlenketten und den goldenen Säumen von Belang *(Abb. 16)*, die von einer dichten Abfolge nach unten weisender Goldflammen besetzt sind. Sie verweisen auf die brennenden Liebespfeile ihres Sohnes, während die Perlen auf die Muschel deuten, in der Venus an Land gefahren war. Die weitverbreiteten Tarock-Spielkarten hatten diesen Zusammenhang schon um 1465 popularisiert *(Abb. 17)*.[44] Auf dem Venus-Blatt erhebt sich die Göttin der Liebe zwischen dem blinden Amor links und den drei Grazien am rechten Bildufer aus dem Wasser. Sie hält einen Ring jener Perlen, die ihrem Hauptattribut, der Muschel, entwachsen. Die drei Grazien vor ihr offenbaren wie in der »Primavera« drei Zustände der Liebe: links die noch widerstrebende, ihre Brüste bedekkende »Keuschheit«, die aber dennoch von der Botschaft der Venus angezogen wird; dann die bereits auf dem Weg befindliche, blumenbewehrte »Schönheit« und außen die mit der Flamme der Voluptas (Begierde) ausgestattete Anführerin. Der Brustschmuck der »Primavera«-Venus zeigt die beiden elementaren Attribute der Liebesgöttin: die dem Wasser entstammenden Perlen und die Flammen des Liebesfeuers.

Perlen und Flammen treten gemäß der Tarockkarte sodann auseinander: Die beiden »Schönheit« und »Wollust« verkörpernden Grazien tragen als Haar-

16 *Sandro Botticelli, Detail aus »Primavera«, Oberkörper der Venus*

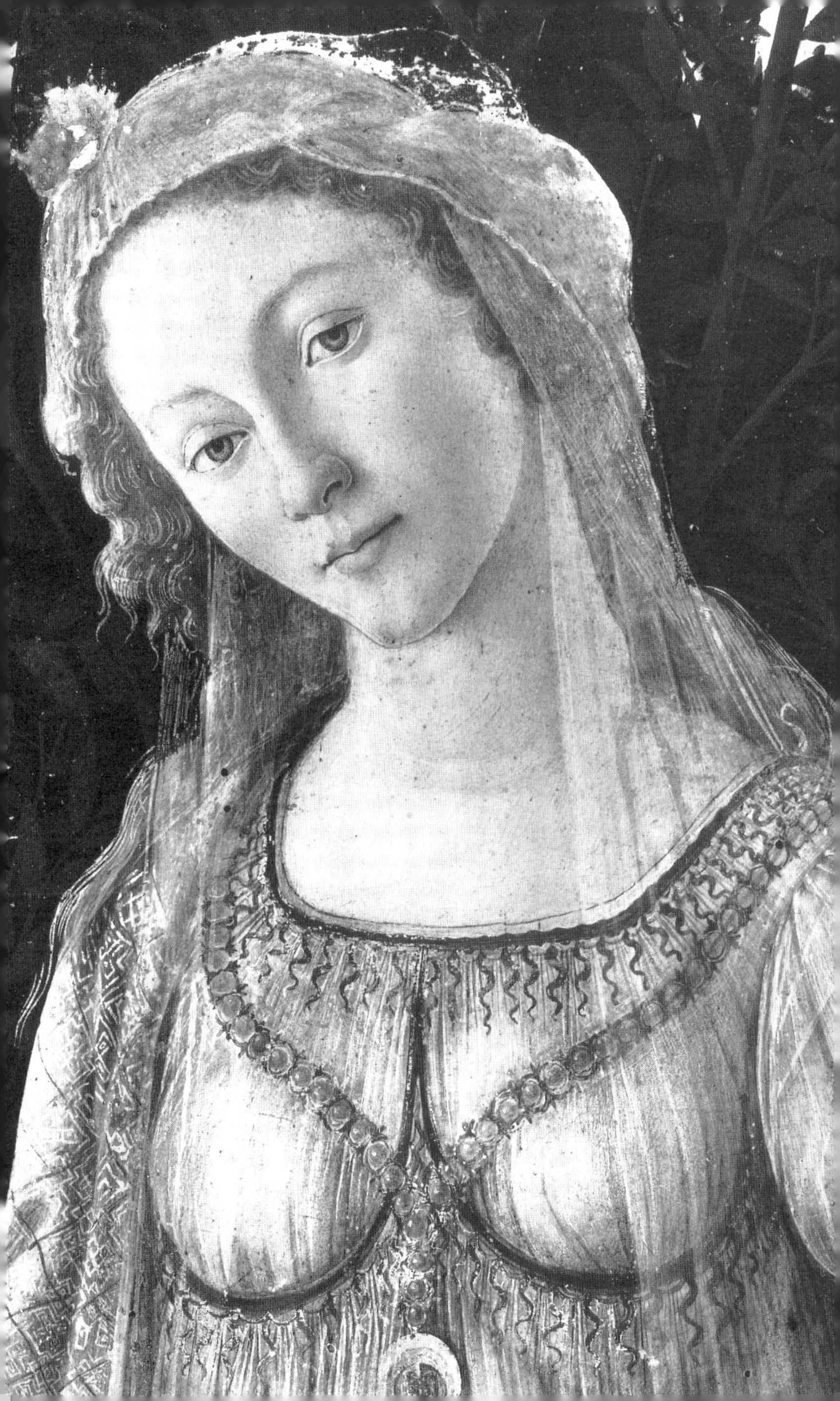

schmuck Perlenketten, und auch ihre Anhänger sind von Perlen umgeben *(Abb. 36)*. Im Gewand des Merkur *(Abb. 22)* wiederholen sich die Flammen, die im Gegensatz zum antiken Vorbild in der »Primavera« sämtlich nach unten züngeln.[45] Im Gegensatz zu den Himmelskreisen von Dantes »Göttlicher Komödie«, in denen ähnlich gebildete Flämmchen die Sphären des Paradieses in kontinuierlicher Auf- und Abbewegung umkreisen oder überspannen *(Abb. 18)*, aber im Einklang mit der Mailänder Muttergottes, auf deren Oberarm sich fallende Flammenbündel bereits selbständig zu machen scheinen *(Abb. 19)*,[46] weisen die Flammen der Liebe in der »Primavera« beharrlich nach unten, zur Erde, von wo aus die Pflanzen der Fruchtbarkeit und der Erotik antworten. Die Korrespondenz zwischen Flammenfall und irdischem Wachstum sowie der Gleichklang zwischen dem nach unten gerichteten, brennenden Liebespfeil des Cupido, den ebenfalls herabweisenden Flammenzungen des Goldgeschmeides der Venus und den Flammenbündeln von Merkurs Chlamys

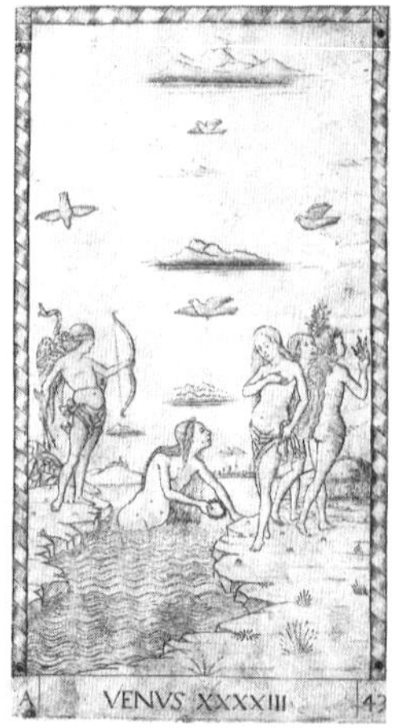

17 *Meister der Tarock-Karten, Amor, Venus und die drei Grazien, um 1465*
18 *Sandro Botticelli, Venushimmel aus Dantes »Göttlicher Komödie«, 1490er Jahre, Ostberlin, Staatliche Museen.*

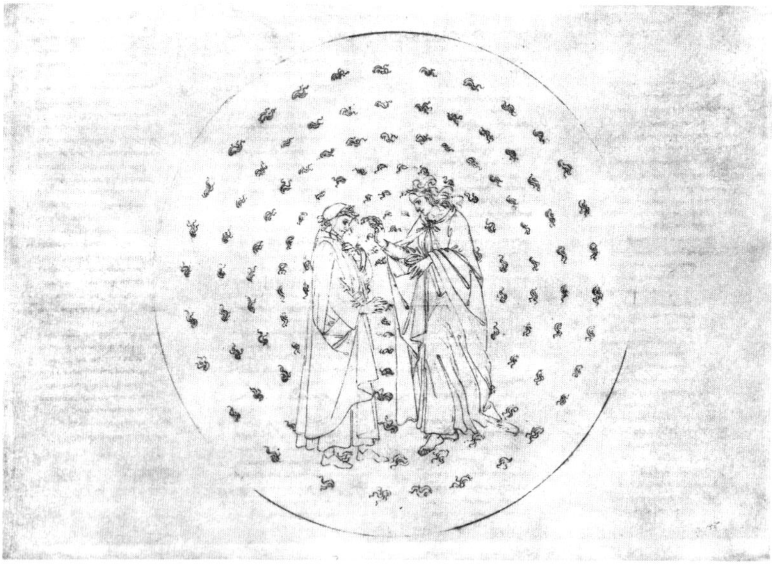

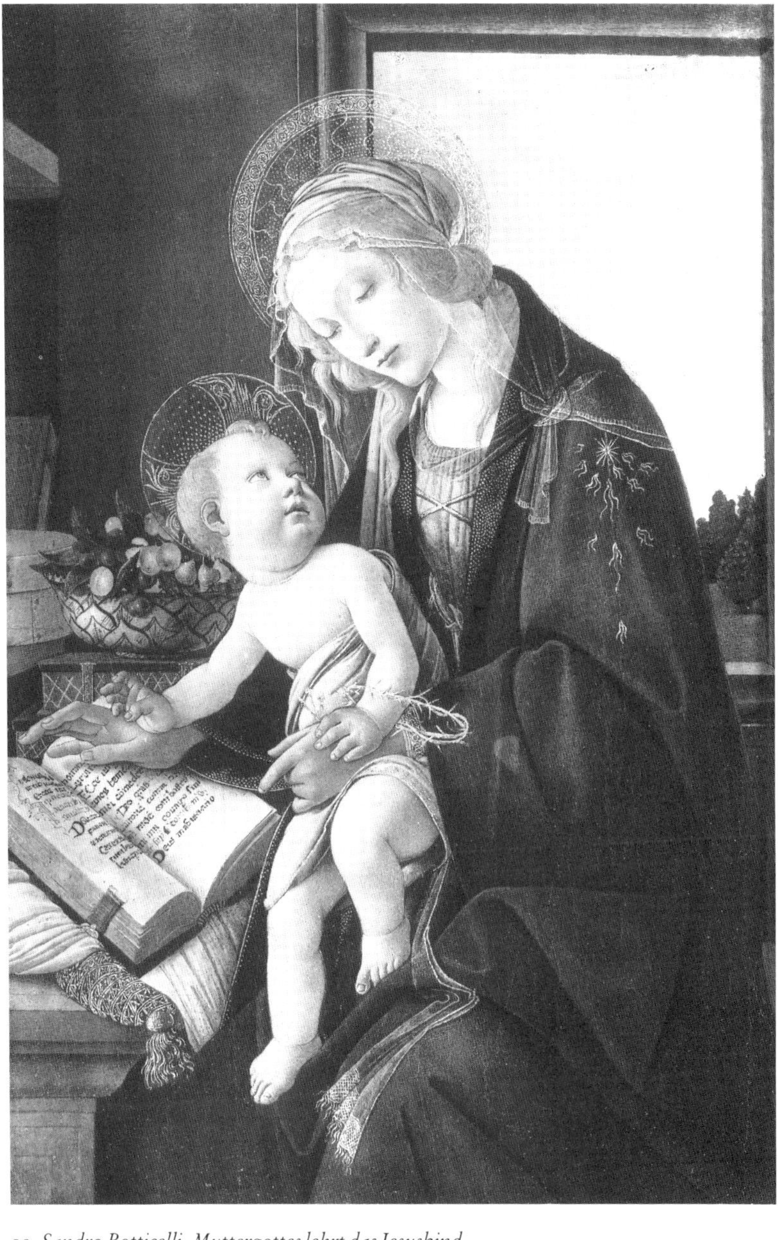

19 *Sandro Botticelli, Muttergottes lehrt das Jesuskind, um 1479, Mailand, Museo Poldi-Pezzoli*

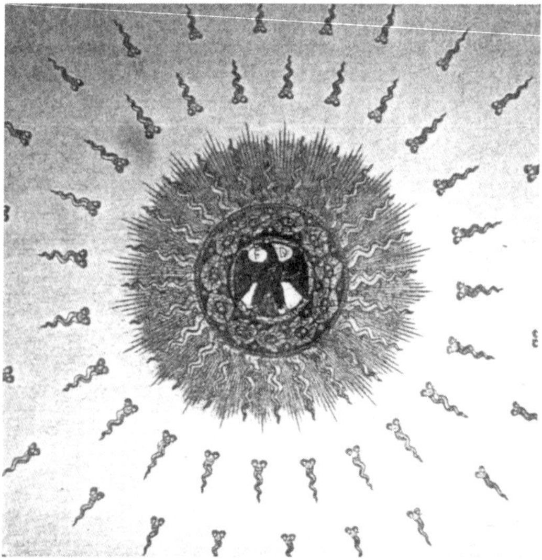

20 *Fallende Flammen des Herzogs von Montefeltre, zwischen 1472 und 1482, Urbino, Palazzo Ducale, ehem. Bibliothek*

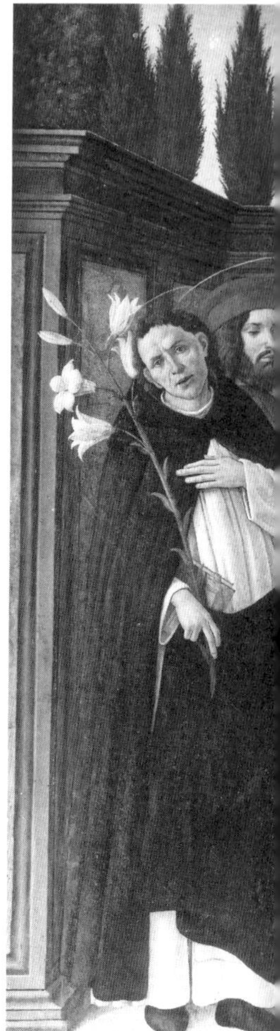

bezeugen keinesfalls das Lebensende,[47] sondern den finalen Sinn der immer neu sich regenerierenden Natur.

Zur persönlichen Feier einer neuen, durch Lorenzo di Pierfrancesco bewirkten Naturblüte paßt, daß die flammende Befruchtung einer frühlingshaften Natur den Adressaten des Gemäldes reklamiert. Dasselbe Wortspiel, das schon beim Lorbeer Pate gestanden hatte, bewirkte den Zusammenhang: Da der heilige Laurentius, italienisch Lorenzo, sein Martyrium durch das Feuer erlebt hatte, gehörten Flammen zu den wortmagisch begründeten Ausweisen des Lorenzo di Pierfrancesco. Das Modell für die kontinuierliche Abwärtsbewegung dieses heraldischen Feuers werden die fallenden Flammen abgegeben haben, mit denen sich Federico da Montefeltro in der Handschriftenbibliothek seines Palastes in Urbino als Sonne der Weisheit und der Macht nach Art des Pfingstwunders hatte feiern lassen *(Abb. 20)*. Noch in der Mitte der neunziger Jahre hat Lorenzo di Pierfrancesco mit Hilfe eines von fallenden Flammen übersäten Umhanges seinen Anspruch auf die Herr-

21 *Sandro Botticelli (Werkstatt?), Thronende Muttergottes mit Heiligen, 1495/96 Florenz, Accademia*

schaft über Florenz formuliert. Ein in Botticellis Werkstatt für seine Kirche in Trebbio im Mugello entstandenes Altargemälde *(Abb. 21)* zeigt auf der linken Seite die beiden Hauptheiligen der Medici, Cosmas und Damian, neben Dominikus, während rechts zwischen Franziskus und Johannes dem Täufer der Heilige Laurentius mit wachem, konzentrier-

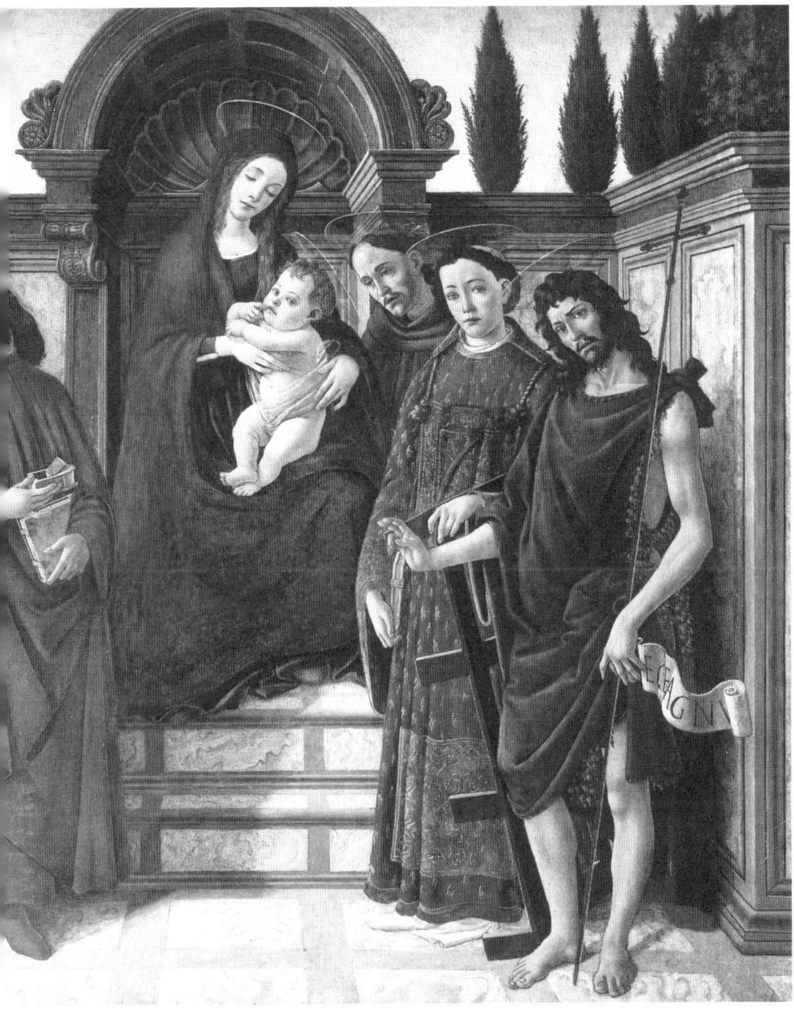

tem Ausdruck die Szene beherrscht. Versehen mit einem Umhang, der ähnliche Flammenbündel aufweist wie die Chlamys des Merkur der »Primavera«, greift San Lorenzo als heiliger Zwillingsbruder des Lorenzo di Pierfrancesco in unverhohlenem Anspruch auf Führerschaft nach dem Handgelenk des kläglich leidenden Johannes des Täufers, des männlichen Stadtpatrons von Florenz.

Schon im Stadtpalast von Lorenzo di Pierfrancesco war die Botschaft der Flammen nicht auf die »Primavera« beschränkt. Wie aus dem Inventar von 1499 hervorgeht, war das riesige Sofa unter dem Gemälde über und über mit derartigen Flammen bemalt, und auch weitere Möbel zeigten diese Flammenbündel als Ausweis des Hausbesitzers.[48] Auf diese Weise waren die beiden auch durch die herausgehobene rote Farbe ihrer Überhänge miteinander verbundenen Hauptgötter, Merkur und Venus, sowohl untereinander als auch mit Lorenzo di Pierfrancesco und dessen persönlicher Heraldik vereint.

Merkur als Medicus und Schwertträger

Die Bedeutung des Merkur *(Abb. 22)* für Lorenzo di Pierfrancesco erschöpft sich nicht in dessen flammenübersprühtem Umhang; zum Gott der fliegenden Geschwindigkeit und des Handels und Verkehrs mußte er schon aus Berufsgründen eine besondere Beziehung haben. Zu Beginn der achtziger Jahre hatte er eine Zweigniederlassung in Spanien gegründet, die wegen der Blockierung seiner Gelder durch Lorenzo il Magnifico aber nicht florierte. Erst nachdem das Schiedsgericht Ende des Jahres 1485 neue Horizonte eröffnet hatte, versuchte er gemeinsam mit seinem Bruder zu expandieren. Zur Leitung der spanischen Filiale wurde jener im erwähnten Brief Ficinos bereits als Freund Lorenzos di Pierfrancesco

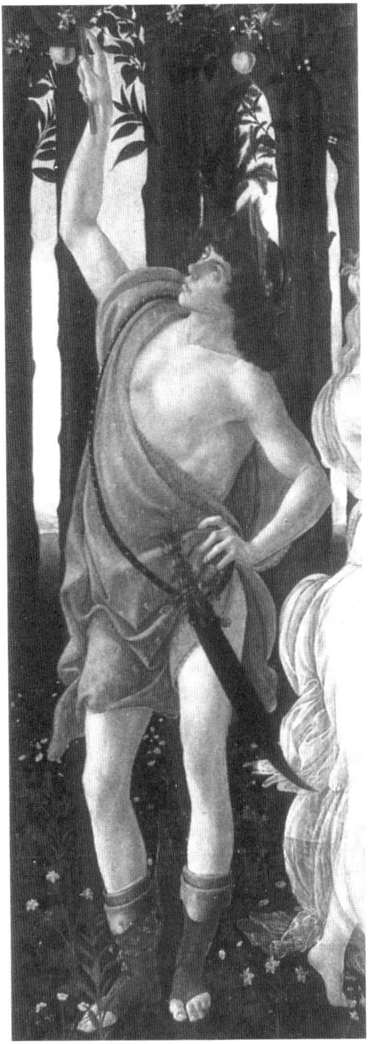

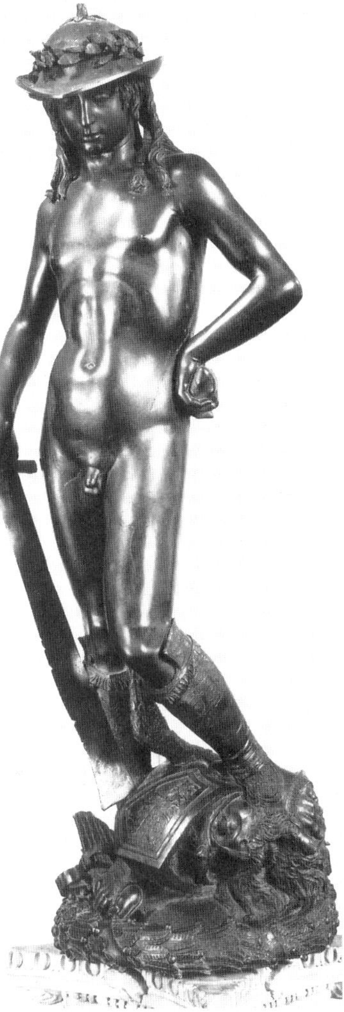

22 *Sandro Botticelli,*
Ausschnitt aus »Primavera«, Merkur

23 *Donatello, Bronze-David,*
gegen 1440 (V. Herzner), Florenz, Bargello.
Vermutlich das Vorbild für den Merkur
der »Primavera«

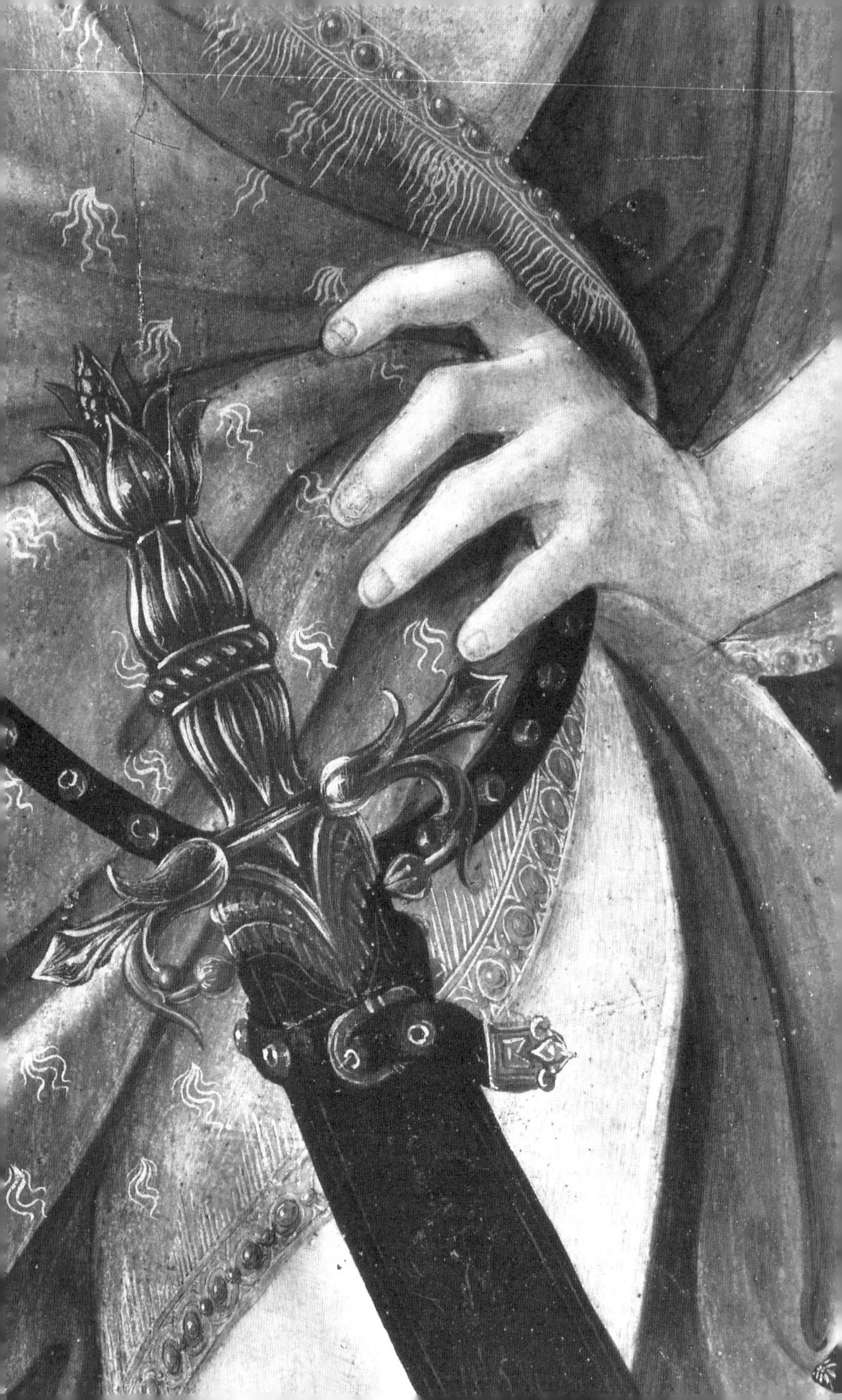

24 *Sandro Botticelli, Detail aus »Primavera«, Schwertknauf des Merkur mit dem Lorbeer des Lorenzo di Pierfrancesco und den Lilien von Florenz*

angesprochene Amerigo Vespucci bestellt, der gegen Ende des Jahrhunderts seine Entdeckungsfahrten nach Amerika unternahm und seinen berühmten Bericht, der dem neuen Land seinen Namen »America« gab, Lorenzo di Pierfrancesco widmete.[49] Da der Merkur der »Primavera« als Gott des kaufmännischen Wagemutes diese Unternehmungen erleuchten und beschützen sollte, zeigt er den Grund an, warum Amerika heute Amerika heißt.

Der Götterbote besaß für Lorenzo di Pierfrancesco aber vor allem heraldische Qualitäten. Neben dem Kentauren Chiron galt Merkur als mythischer Verwalter des medizinischen Urwissens, und in dieser Eigenschaft als »Medicus« eignete er sich vorzüglich als Symbol der »Medici«. Als »Paladin« der Hauptlinie zierte Chiron den Innenhof des Medici-Palastes,[50] war aber im Gemälde »Minerva und der Kentaur« *(Abb. 29)* zu einem zu bändigenden Unhold denaturiert, so daß der »Medicus« Merkur als Ausweis der Nebenlinie um so heller strahlen mußte.

Auch durch seine Form übernimmt der Merkur einen Standard der Selbstdarstellung der Hauptlinie. Er geht in seinem lässigen Standmotiv, seiner Körpergestalt, seinem Helm und den mit Flügeln versehenen Stiefeln auf Donatellos »David« zurück, der im Hof des Medici-Palastes als Symbol eines mediceisch geprägten Florenz aufgestellt war *(Abb. 23)*, im Jahre 1476 aber in öffentlichen Besitz übergeben werden mußte und solcherart von der Fixierung auf die Hauptlinie entbunden war.[51] Diesen so heroischen wie sublimen David stattet Lorenzo di Pierfrancesco mit seinem eigenen Gewand aus, um ihn als Merkur dem Ausweis der jüngeren Linie der Medici zu übereignen.

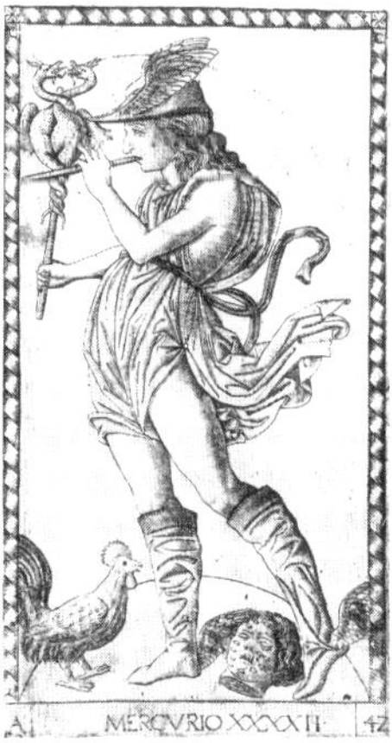

25 *Meister der Tarock-Karten, um 1465, Merkur*

Die persönliche Inanspruchnahme des Merkur konzentriert sich sodann in Details. Auf dem Knauf des Schwertes *(Abb. 24)* erscheinen zusammengebundene Lorbeerblätter, wiederum ein Hinweis auf die Namensverwandtschaft von Laurus und Laurentius, und auf den Seitenstücken finden sich die Lilien von Florenz, die nicht weniger mit der Person des Lo-

renzo di Pierfrancesco zu verbinden waren. Seit 1465 tauchen die Lilien auch im Wappen der Medici auf, aber Lorenzo di Pierfrancesco hatte besonderen Grund, sich dieser französischen Wappenpflanze anzunehmen, weil er im Jahre 1483 als Botschafter von Florenz bei der Amtseinführung von Karl VIII. von Frankreich zugegen war; bei dieser Gelegenheit knüpfte er eigene politische Verbindungen zum französischen Hof, die ihm im Jahre 1494 die Verbannung einbrachten. Als er im Gefolge Karls VIII. zurückkehrte, ließ er sofort einen Tondo mit den Lilien des Königs in seinem Palast aufhängen. Schließlich waren auf eine Reihe von Möbelstücken des Stadtpalastes neben den Flammen auch Lilien gemalt.[52]
Das Schwert schließlich erhärtet den heraldischen Bezug zu Lorenzo di Pierfrancesco. Denn es gehörte nicht zu den notwendigen Attributen des Merkur und fehlt auch auf Botticellis mutmaßlichem Vorbild *(Abb. 25)*,[53] war aber gefordert als Wappen der Medici-Nebenlinie. Lorenzo di Pierfrancescos Vater hatte es als persönliches Wahrzeichen gewählt, weil sich der Nachname seiner Frau Laudomia Acciaioli dem »acciaio«, »Stahl«, assoziieren ließ.[54] In diesem »Stahl«-Wahrzeichen konnte die Heraldik der Medici-Nebenlinie einen gleichsam wehrhaften Kulminationspunkt finden.

Das Paradies der Orangen

Merkurs Wendung zum Himmel lenkt den Blick auf die Orangenfrüchte, die bis zu den gebeugten Lorbeerbäumen die gesamte Naturbühne gleichsam überkuppeln. In ihrem goldgelben Glanz repräsentieren sie jene hesperidischen Paradiesesäpfel, deren Genuß nicht etwa die Vertreibung zur Folge hat, sondern ewige Jugend, Liebe und Fruchtbarkeit. Der Venus geweiht, galten sie als deren Erkennungszeichen; so hat Raphael die drei Grazien mit den goldenen Äpfeln der Hesperiden ausgestattet, um anzuzeigen, daß sie Dienerinnen der Venus seien *(Abb. 26)*.[55]

Auch diese Früchte waren durch neuerliches Wortspiel mediceisch besetzt; wegen ihres lateinischen Namens, »mala medica«, waren die Orangen in das heraldische Arsenal der Medici eingerückt. In den mediceischen botanischen Gärten wurden Orangenbäume besonders sorgfältig behütet, schienen sie doch auszuweisen, daß die Familie etwas zu tun hätte mit dem mythischen Ursprungsort dieser Früchte im Göttergarten der Hesperiden. Die Bälle (palle) der Medici hatten immer unterschwellig suggerieren wollen, daß diese Familie im Besitz der kostbarsten,

26 Raphael, Die drei Grazien, um 1500, Chantilly, Musée Condé. Die Grazien halten die Äpfel der Hesperiden

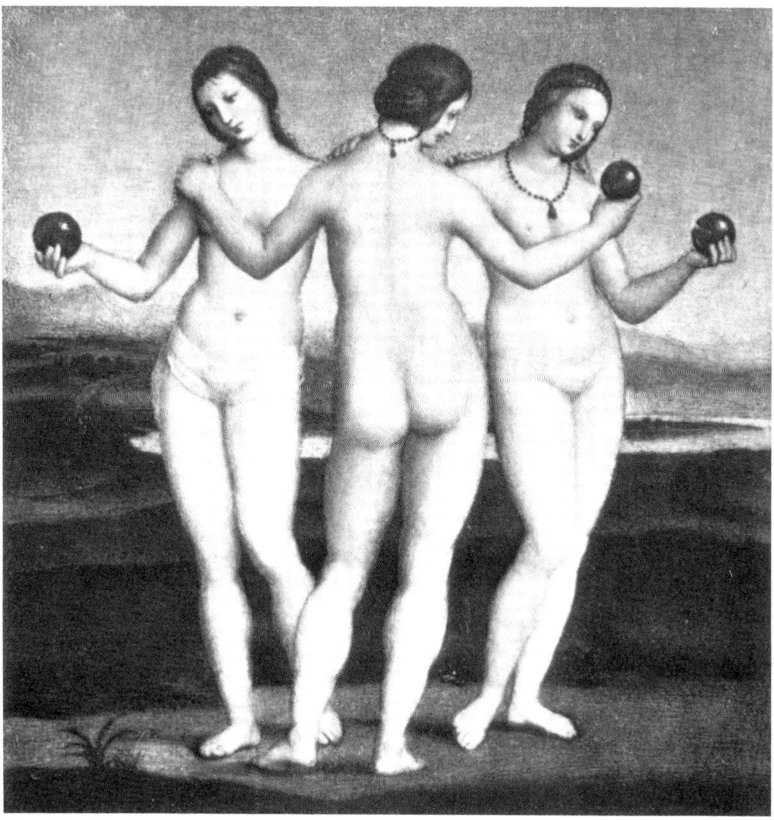

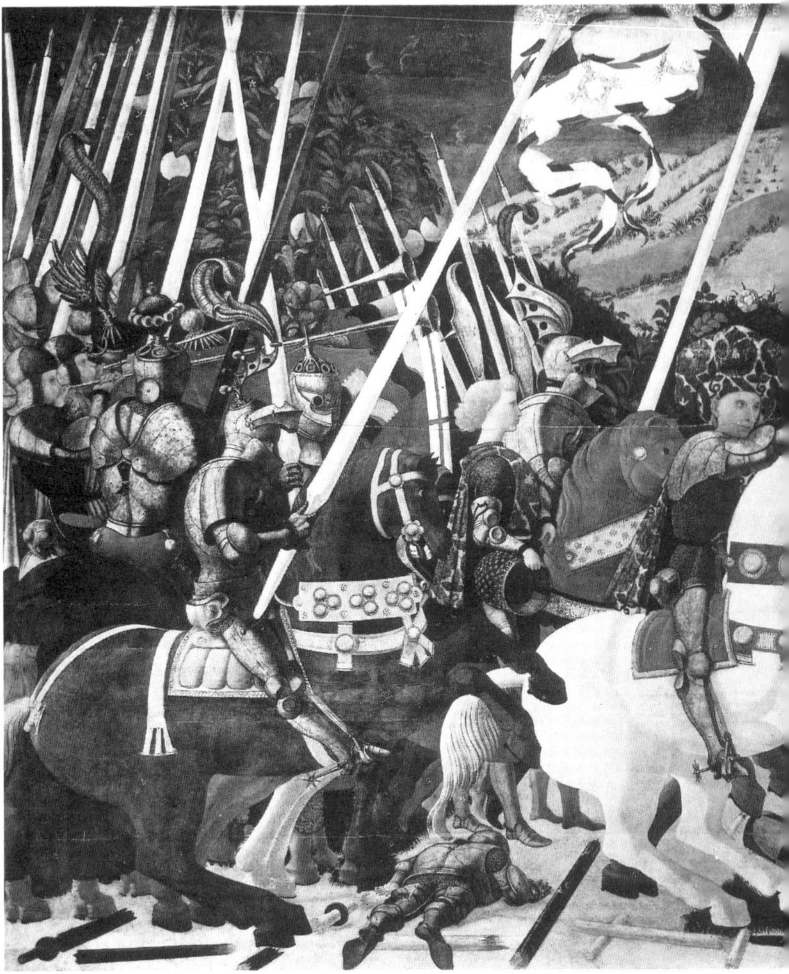

goldenen Äpfel sei, die Herkules unter großer Anstrengung aus diesem sagenhaften Garten geraubt hatte.[56] In dieser Eigenschaft verkünden sie voller Leuchtkraft auf Paolo Uccellos großformatigen Gemälden für den Medici-Palast bereits um 1450 die hesperidische Verheißung der mediceischen Herrschaft anläßlich des Sieges in der »Schlacht von San Romano« *(Abb. 27)*.[57] Die Orangen der »Primavera«

27 Paolo Ucello, Die Schlacht von San Romano, um 1450, London, National Gallery. Die Orangenfrüchte verweisen auf die »Bälle« der Medici

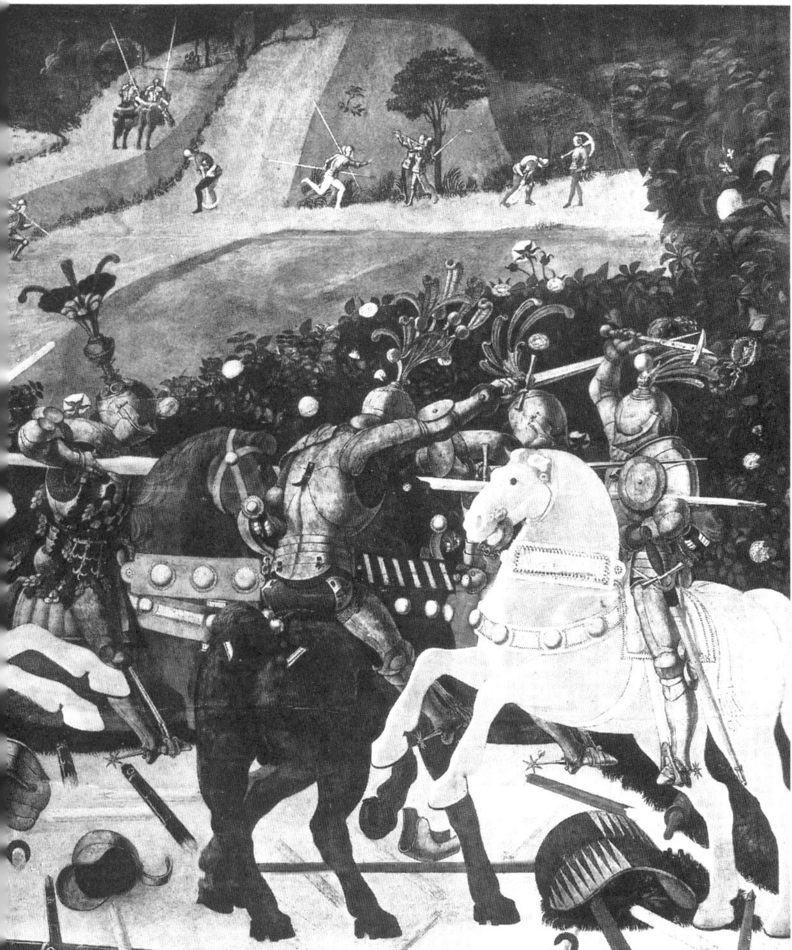

bilden in der Tradition Uccellos eine Art heraldisches Dach: Als Früchte der Venus binden sie den hesperidischen Charakter dieses Frühlingsortes zusammen, und als Wappenmotiv der Medici überführen sie den Anspruch des Lorenzo di Pierfrancesco in die Versprechung, Florenz metaphorisch in ein paradiesisches Gartenreich zu verwandeln. Nicht ohne Grund scheint der erste frei sichtbare Orangen-

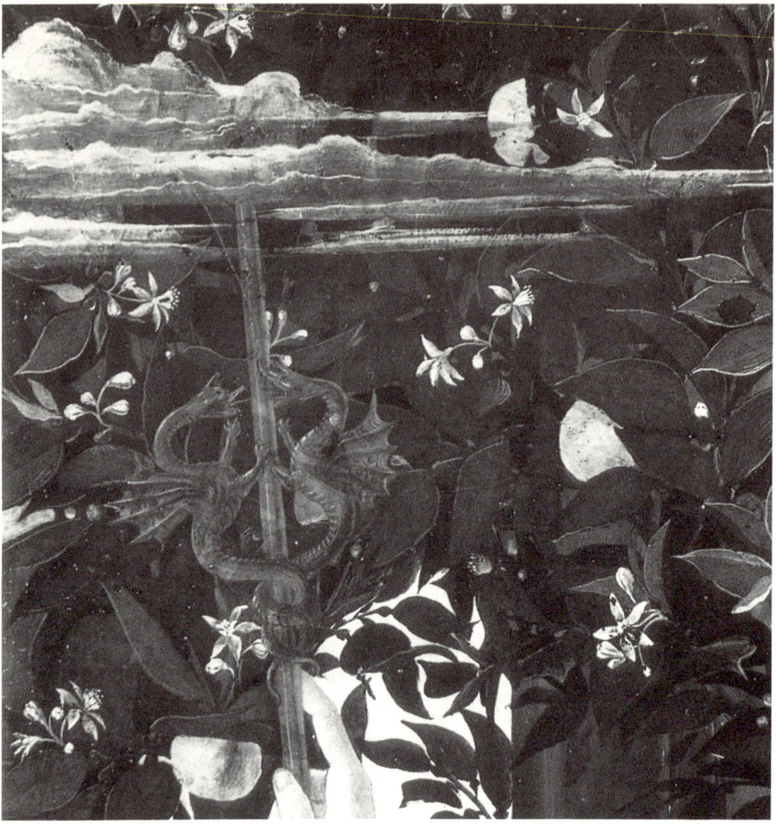

28 *Sandro Botticelli, Detail aus »Primavera«, Caduceus-Stab, mit dem Merkur die Nebelschwaden beseitigt*

baumstamm wie eine Verlängerung der aufrechten Gestalt der FLOR(ENZI)A. Wie auch bei anderen heraldischen Zeichen usurpiert Lorenzo di Pierfrancesco die überkommenen Symbole der Stadt Florenz und der Medici zum Ausweis einer persönlich gemünzten Utopie.

Sie wird allein noch durch die Wolkenschwaden zwischen den Orangenfrüchten am oberen linken Bildrand gestört *(Abb. 28)*. Merkurs behutsame Beseitigung der Nebelschwaden mit Hilfe des Caduceus-Stabes geht ursprünglich auf Vergils »Aeneis« zurück,[58] erinnert hier aber nicht minder an ein

Motiv aus Dantes »Göttlicher Komödie«, mit der Botticelli vertraut gewesen sein muß, da er für die Buchausgabe des Jahres 1481 Vorlagen für die Holzschnittillustrationen gefertigt hatte. Der Paradiestag beginnt damit, daß sich beim Erwachen Dantes »die Nebelschwaden verflüchtigten nach allen Seiten«, woraufhin ihm das irdische Paradies als Genuß von Orangen prophezeit wird:

»Die süße Frucht, die in so vielen Zweigen
Die Sterblichen mit solcher Sehnsucht suchen,
Wird heute noch all deinen Hunger stillen.«[59]

Auch im Fall dieses Zusammenhanges zwischen der Verflüchtigung von Nebelschwaden und der Aussicht auf paradiesversprechende Orangen ist der Weg von der literarischen Wurzel zu einem aktualisierbaren Lobgesang kurz, und vermutlich empfinden heutige Betrachter zwischen der poetischen und der politischen Aussage einen Gegensatz, der für Zeitgenossen von Lorenzo di Pierfrancesco und zumindest für diesen selbst nicht bestand. Im Rahmen der heraldischen Auffüllung der Orangen und des Merkur können die dortigen Nebelschwaden als behutsame Umschreibung der Widerstände gelten, die aus der Sicht Lorenzo di Pierfrancescos den uneingeschränkten Glanz der mediceischen »Palle« verhinderten. Es spricht für sein Selbstbewußtsein, daß sich Merkurs Reinigungsakt zwar mit Sorgfalt, aber mit unangestrengter Leichtigkeit vollzieht.

Die Lorbeerbäume, die Gestalt des Merkur und das »Dach« der Orangenfrüchte rahmen den frühlingshaften Göttergarten mit den bildhaften Ausweisen des Auftraggebers. Über die nach unten züngelnden Flammen des Brustschmuckes ist auch die zentrale Figur der Venus in diese Ikonographie einbezogen, und die vor ihr schreitende Flora überführt die Botschaft einer neuen Blüte auf die gesamte Stadt. In einem Zug offenbart die »Primavera«, was Lorenzo di Pierfrancesco sich und seiner Umwelt versprach: ein neues, durch Venus inspiriertes, so lustvoll wie gedankenreiches, Früchte und ewigen Frühling bringendes Zeitalter in Florenz unter seiner Ägide.

Überwindung des Bildrahmens

Daß dieser Anspruch über die Grenzen des Gemäldes hinauswirken sollte, hat zunächst auch einen vordergründig räumlichen Sinn: Vermutlich fand die »Primavera« nicht in der Gestalt des Merkur, sondern im Gemälde »Minerva und der Kentaur« *(Abb. 29)* ihre linksseitige Begrenzung. Daß beide Gemälde nebeneinander hingen, ist durch die Inventare nahegelegt. In beiden Fällen werden sie nacheinander in unmittelbarer Nachbarschaft genannt: Nach der »Primavera« über dem Sofa folgen »Minerva und der Kentaur« über der zum Vorzimmer führenden Tür.[60] Der Inventarschreiber hat die Gegenstände nicht nach Gattungen aufgenommen, sondern offensichtlich zumindest die an den Wänden befestigten Gegenstände im Kreisverfahren erfaßt. Die beiden Gemälde werden also nebeneinander gehangen haben oder über Eck sich begegnet sein. Ob die »Primavera« links oder rechts von der »Minerva« gehangen hat, ist aus den Quellen nicht zu belegen, aber die Kompositionen lassen, wenn man Botticelli und Lorenzo di Pierfrancesco nicht einen schweren ästhetischen Mißgriff unterstellen will, allein den Schluß zu, daß die »Primavera« rechts von der »Minerva« hing.

Die von keinem Interpreten begründete, gegen die übliche Leserichtung gewendete Orientierung des Bildes von rechts nach links wird in solcher Anordnung zu einer äußerlich bedingten Notwendigkeit; die »Primavera« wäre in diesem Fall nicht auf sich selbst, sondern auf die links von ihr vorgegebene Tür mit der »Minerva« ausgerichtet.

Daß ein Zusammenhang zwischen beiden Gemälden beabsichtigt war, legt auch die Verschmelzung der beiden Frauengestalten nahe. Minerva fehlt mit dem Helm das ureigenste Motiv, aber der Schild und die gewaltige Hellebarde lassen dennoch an die Göttin wehrhafter Weisheit denken[61]. Ein Holzschnitt aus

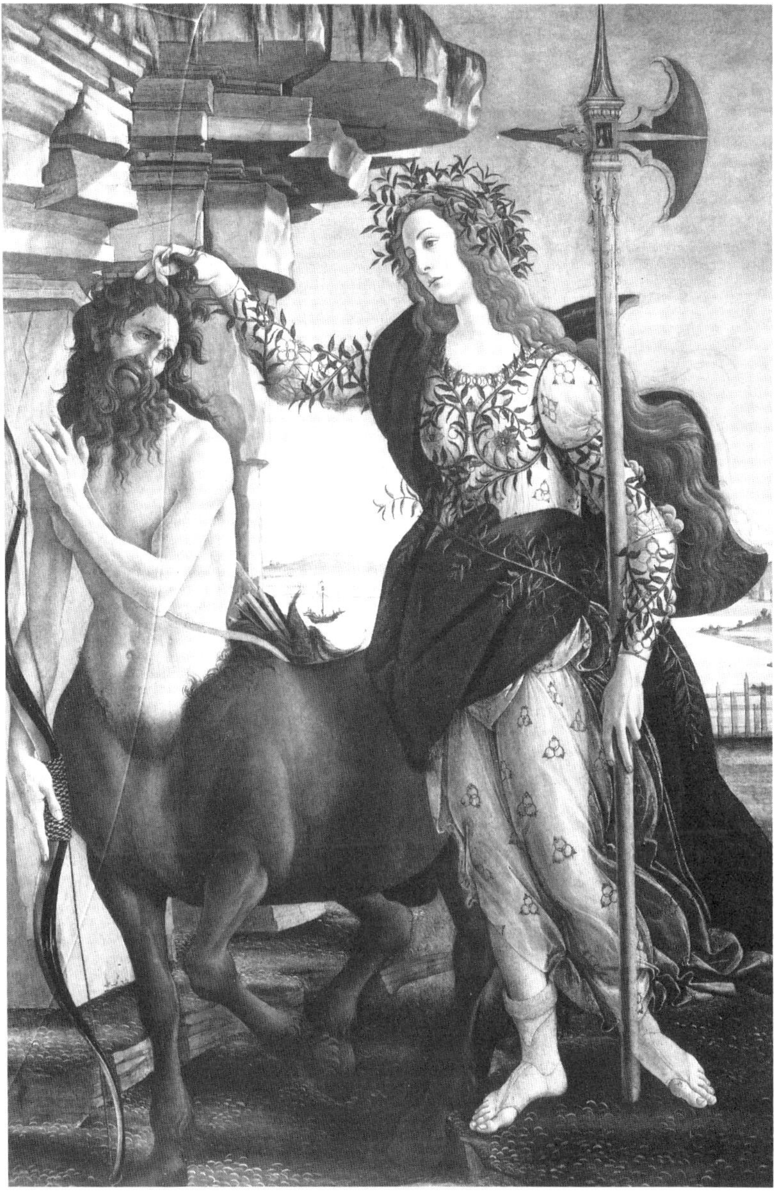

29 *Sandro Botticelli, Minerva und der Kentaur, 1482/83, Florenz, Uffizien.*
Das Gemälde hing links neben der »Primavera«

den »Stanzen« Polizians, auf dem vermutlich Giuliano de' Medici eine nach Haltung und Waffenattribut vergleichbare Frauengestalt verehrt, bestätigt diesen zwischen Venus und Minerva schwankenden Zusammenhang *(Abb. 30)*. Die lanzenbewehrte Göttin steht auf einem der Venus geweihten Altar, was nahelegt, daß sie auf die bewaffnete Venus aus Pausanias' »Beschreibung Griechenlands« anspielt, die sich im Besitz Lorenzos di Pierfrancesco befand.[62] In den zugehörigen Versen der »Stanzen« wird allerdings nicht etwa Venus, sondern Minerva mit dem Anruf: »Oh heilige Göttin, Tochter des Jupiter« verehrt. Selbst wenn im Holzschnitt die bewaffnete Venus dargestellt sein sollte, zeigt ihre Beziehung zum Text, daß sie zunächst die Minerva illustrieren sollte, und gleiches ist in bezug auf das Gemälde Botticellis anzunehmen.[63]

Venus und Minerva sind ähnlich der Verwandlung von Chloris in Flora miteinander verbunden, ohne in deckungsgleicher Identität aufzugehen. Die Fuß- und Armstellung, die Körperhaltung und die leichte

30 *Giuliano de' Medici (?) vor dem Altar der Minerva, Holzschnitt für die »Stanze per la Giostra« Polizians, Ausgabe vom Ende des fünfzehnten Jahrhunderts. Die Göttin entspricht Botticellis »Minerva«*

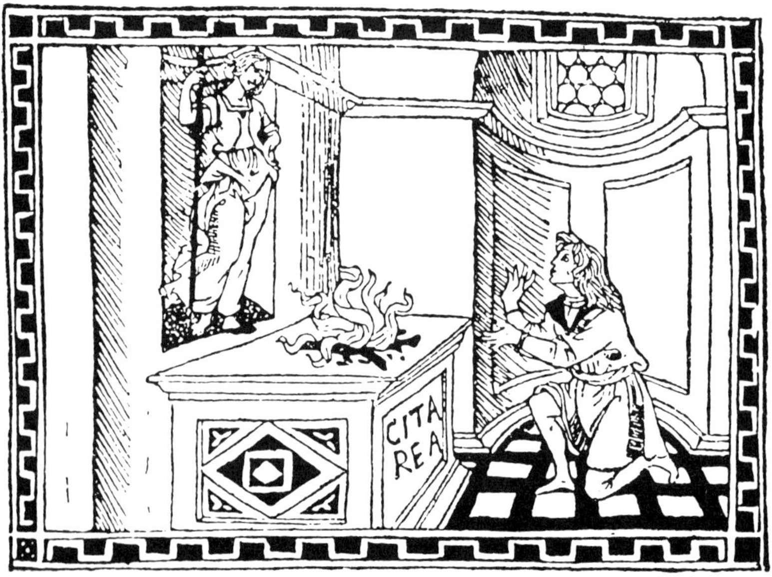

Neigung des Kopfes wirken bei dieser Annäherung ebenso zusammen wie die Myrtenzweige, von denen beide Gestalten bekrönt oder bekränzt sind.[64] Verbunden sind sie auch als Trägerinnen mediceischer Heraldik. Minerva weist mit dem Diamanten in der Hellebarde und den einfachen sowie dreipaßförmigen Diamantringen die ältesten heraldischen Motive der Medici auf, die auf keinen der beiden Zweige beschränkt waren, sondern der Legende zufolge auf den Vater beider Linien, Giovanni di Bicci, zurückgingen. Sämtliche Zusätze, die den mediceischen Diamanten von seiten der Hauptlinie später beigefügt wurden, sind peinlich vermieden,[65] während der Kentaur mit seinem abgewinkelten Vorderlauf, dem Wahrzeichen Chirons, von sich aus an den heraldischen Chiron der Hauptlinie erinnert. Daß er hier als ein zu bändigendes Wesen von der überlegenen Minerva mit fast mitleidig nachlässiger Leichtigkeit geführt wird, bezeugt, mit welcher Einfühlungsgabe Botticelli die Ansprüche Lorenzo di Pierfrancescos Ende des Jahres 1482 zu formulieren verstand. Zur unvergleichlichen Leistung der »Primavera« wird gehören, daß sich ihre Erscheinung in einer alleinigen Feier des Auftraggebers nicht erschöpft. Zunächst aber ergibt das Zusammenspiel der »Primavera«-Venus mit der »Minerva« die Botschaft, daß sich nach der Zivilisierung des Chiron das venuserfüllte Goldene Zeitalter unter Führung des Lorenzo di Pierfrancesco auftut. Minerva und Venus sind demnach wechselseitig miteinander verbunden: Wie Minerva die Vorhut der Venus abgibt, so erscheint Venus als Gefolge der Minerva.

Diese über die Bildränder hinausgreifenden Beziehungen verstärken schließlich Merkur und die Grazien. Die lässige Haltung des Merkur korrespondiert mit der anstrengungsfreien Bändigung des Chiron durch Minerva, und sein Schwert, mit dem er den Argus enthaupten wird,[66] entspricht der Waffe der Minerva, die wohl gezeigt wird, nicht aber benutzt zu werden braucht. Merkurs Wendung nach links macht deutlich, daß er als Mitglied des Hofstaates der Venus und als Führer der Grazien auch auf die Minerva orientiert ist. Und die gegen jede Regel sich vollziehende Wendung von zwei der drei Grazien nach links bekundet, daß sich auch diese Gefährtinnen der Venus zugleich auf die Minerva beziehen, als wollten sie den Brief Marsilio Ficinos an Lorenzo di Pierfrancesco vom Oktober 1481 illustrieren, in dem es heißt, daß die Grazien »nicht den Fußspuren von Venus, sondern Minerva folgen«.[67] Den moralisierenden Unterton Ficinos hat Lorenzo di Pierfrancesco verwandelt in den Vorschein seines Sieges über die Hauptlinie: Indem diese Grazien der Minerva folgen, schaffen sie gemeinsam mit Merkur Raum für den Auftritt der Venus.

Die kompositionelle Öffnung der »Primavera« nach links hat demnach als Antwort auf die »Minerva« ihren äußeren Sinn. Die »Primavera« endet nicht in sich selbst, sondern in der Felswand des »Minerva«-Gemäldes, vor dem der Chiron der Hauptlinie gebändigt wird.

Bildung und Philosophie des Auftraggebers

Angesichts dieser Fähigkeit, die Bildausstattung des Stadtpalastes zumindest in bezug auf die beiden Aufträge Botticellis als Ensemble zu gestalten, stellt sich die Frage, ob von seiten des Auftraggebers eine gestaltprägende Philosophie, eine definierbare Weltsicht zu rekonstruieren ist und ob ein intellektueller Berater Beistand leistete.

Die Verschmelzung verschiedener Motive des Frühlings zu einem in der klassischen Mythologie nicht überlieferten Ensemble setzt ein gewisses Bildungsmaß voraus, das mit seinen Hauptwurzeln bei Ovid, Seneca, Vergil, Dante und – wie sich zeigen wird – vor allem bei Lukrez nicht derart anspruchsvoll ist, daß hierzu ein Spezialist wie Angelo Polizian vonnöten gewesen wäre.[68] Nicht auszuschließen ist, daß sich Lorenzo di Pierfrancesco mit diesem oder einem anderen Humanisten über den Inhalt der »Primavera« ausgetauscht hat, aber angesichts seines Bildungsstandes hätte er seine eigenwillige Personifikation des Frühlings wie auch dessen Zusammenspiel mit »Minerva und der Kentaur« auch ohne weitere Hilfe gemeinsam mit Botticelli entwickeln können.

Schon im Alter von vierzehn Jahren wird ihm von einem Lehrer bescheinigt, daß »wir seine geistigen wie natürlichen Gaben nicht weniger schätzen als bewundern müssen, weil man tatsächlich die gesamte sowohl griechische wie auch lateinische Bildung und darüber hinaus die freien Künste in diesem Menschen versammelt aufstrahlen sehen kann«.[69] Acht Jahre später attestiert Polizian, er sei »ein überaus lernwilliger junger Mann«, der in seiner Handschriftensammlung unter anderem kostbare Texte von Pausanias und Plautus besitze.[70] Polizian konnte ein sicheres Urteil abgeben, weil Lorenzo di Pierfrancesco bei ihm seit 1480 studiert hatte. Einer besonderen Vorliebe seines hochgestellten Schülers hat er Rechnung getragen, indem er ihm seinen Kommentar zu Vergils Eklogen im November 1482 wie ein verspätetes Hochzeitsgeschenk widmete. Nach Gemeinplätzen über den noch unfertigen Charakter seines Textes bekundet Polizian, er habe ihn allein Lorenzo di Pierfrancesco zuliebe der Öffentlichkeit übergeben: »Ich wäre hartherzig, wenn ich Dir, der Du ein so vornehmer wie tüchtiger und mir liebgewordener junger Mann bist, dieses Werk, das Du mit großem Eifer forderst, verweigern würde. Daher sei Dir dieses Büchlein gewidmet. Und auch Du komme unserer Sehnsucht einstmals nach, und, bitte, laß uns nicht länger auf die Liebesgedichte warten, die Dir die heimischen Musen eingeben.«[71] Daß Polizians Widmung eine Redewendung Catulls verwendet,[72] bezeugt, mit welcher Bildung er bei Lorenzo di Pierfrancesco rechnet.

Polizians Hoffnung auf diesen Medici-Sproß bezog sich zunächst auf dessen dichterische Begabung, konnte angesichts des ihm gewidmeten Textes aber allgemeineren Charakter annehmen. Der Kommentar zu Vergils Eklogen kulminierte in der Ankündigung der neuen, durch einen Messias eingeführten »Goldenen Zeitalter«, die der »verbrauchten Welt« neuen Glanz und Frieden vermitteln sollten.[73] Weder von Vergils Eklogen noch von Polizians Kommentar führt ein direkter Weg zum Programm der »Primavera«, aber in ihrer Beschwörung einer elegischen, gleichwohl vitalen Hoffnung auf eine Umwälzung und Wiederbelebung der verbrauchten Verhältnisse ist zumindest ein atmosphärischer Zusammenhang gegeben.

Bei aller Nähe zur Stimmungslage von Vergil und Polizian ist bezeichnend, daß die motivische Hauptquelle der »Primavera« jedoch aus »De rerum natura« des Lukrez stammt:

> »Frühling und Venus kommen und vor ihnen schreitet der flügeltragende Herold/ der Venus, und nahe den Spuren Zephyrs/ streut vor ihnen Flora, die Mutter, den Weg vollständig aus/ und erfüllt ihn mit auserlesenen Farben und Düften.«[74]

Kein anderer Text kommt der Zusammenstellung des Hofstaates der Venus so nahe wie dieser Passus; bis auf die Grazien und die ovidsche Metamorphose der Chloris sind hier alle Gestalten der »Primavera« mitsamt ihrer Anordnung vorgeprägt. Dieser Rückgriff auf Lukrez hat alle Anzeichen einer philosophischen Programmatik, denn zum Zeitpunkt, zu dem die »Primavera« entstand, entwickelte sich Lorenzo di Pierfrancesco offenbar zu einem inspirierten Anhänger des Lukrez.

Die Naturphilosophie des Lukrez ist ihm vermutlich vom eingangs erwähnten Bartolomeo Scala nahegebracht worden. Scala, ein politisch außerordentlich erfolgreicher Humanist, hatte für den Vater Lorenzo di Pierfrancescos gearbeitet und war dann in die Dienste der Hauptlinie übergetreten, ohne mit der jüngeren Linie zu brechen. Er leitete die Eheverhandlungen zwischen Lorenzo di Pierfrancesco und Semiramide Appiani und wirkte als Schiedsrichter im Erbstreit von 1485,[75] um in den neunziger Jahren ganz auf Lorenzo di Pierfrancesco zu setzen, als die Macht der Hauptlinie zerbrach. In einer Art Haßliebe auf Lukrez fixiert, gehörte Scala zu den wenigen Zeitgenossen, die sich durch eigene Dichtungen zu diesem diesseitsbetonten Dichter bekannten. Scala, der durch seine Mitwirkung am Schiedsspruch von 1485 entscheidenden Anteil an jenem Ereignis hatte, das den Anlaß zur »Primavera« bot, hat zu eben dieser Zeit ein Lehrgedicht »De rebus naturalibus« nach Art des Lukrez vorgelegt,[76] das, wenn es überliefert wäre, sich möglicherweise als eine weitere Inspirationsquelle der »Primavera« hätte erweisen können.

Vermutlich hat Scala den Kontakt von Lorenzo di Pierfrancesco zu Michele Marullo, dem zu seiner Zeit berühmtesten Lukrezkenner und -verehrer, gestiftet. Lorenzo di Pierfrancesco hatte bereits Mitte der achtziger Jahre Kontakt zu Marullo, und im Jahre 1489 versuchte er seinen »intimo e cordiale amico« über Lorenzo il Magnifico weiter zu vermitteln, wie um mit einer »eigenen« literarischen Kapazität zu reüssieren. Als dies nicht gelang, machte er Marullo im selben Jahr zu seinem Hausphilosophen.[77] Die Sammlung von »Hymni naturales et Epigrammata«, die Marullo seinem Gönner widmete, zeugen durchweg von tiefer Verehrung der Natur und deren Beseelung durch Venus.[78] Da Lorenzo di Pierfrancesco kaum einen ihm geistig fernstehenden Humanisten in sein Haus geholt hätte, liegt in dieser Identifizierung mit der Philosophie Marullos das vielleicht untrüglichste Indiz für seine Umorientierung in den späteren achtziger Jahren. Lorenzo di Pierfrancesco erweist sich als Förderer einer Lösung von der christianisierten Hoffnung auf das Goldene Zeitalter, wie sie Polizian vorträgt, zu einem diesseitigen Verständnis des Vergil und zu einer Renaissance der Visionen des Lukrez.

In dem Zeitraum, in dem die »Primavera« entstand,

findet sich von einer neuplatonischen Orientierung keine Spur. Dies bedeutet nicht, daß Platons philosophischer Rang mißachtet worden wäre; im Jahre 1499 wird Marsilio Ficino seine kostbare griechische Ausgabe von Platons »Dialogen« Lorenzo di Pierfrancesco vermachen. Diese Übereignung ist jedoch nicht geeignet, Lorenzo di Pierfrancesco eine unkritische Platon-Verehrung schon im Jahrzehnt zuvor zu unterlegen.[79] Vielmehr fand sein verbissener Konflikt mit der Medici-Hauptlinie in der zweiten Hälfte der achtziger Jahre eine philosophische Fundierung durch einen Rückgriff auf Lukrez: Mit einer behutsamen Näherung an dessen Philosophie konnte Lorenzo di Pierfrancesco eine alternative Weltsicht vortragen und durch das Auftreten der lukrezschen Venus in der »Primavera« besiegeln lassen.[80]

Einheit von Gewalt und Liebe

In dieser Lesart gewinnt Venus ihre Hauptrolle zurück *(Abb. 31)*. Die ersten Verse von »De rerum natura« rufen Venus als »Wonne der Götter und Menschen« an, durch die alle Saat aufgeht und alles Leben empfangen wird und vor der die Natur ihr heiterstes Gesicht zeigt:

> »Vor dir, Göttin, fliehen die Winde, die Wolken des Himmels/ vor dir und deinem Kommen, dir schickt duftende Blumen/ Künstlerin Erde, dir lacht hell die Fläche des Meeres,/ und der Himmel strahlt dir sanft von Licht übergossen.«[81]

Die Absage an die Winde gilt jedoch allein den Winter- und Herbststürmen, nicht aber dem Zephyr, der als treuer Gehilfe der Venus die Erneuerung aller Natur im Frühling einleitet:

> »Kaum ist nämlich der lenzliche Anblick des Tages eröffnet/ und, entriegelt, herrscht das trächtige Wehen des Zephyrs,/ zeigen die Vögel zuerst in der Luft, dich, Göttin, und deine/ Ankunft an, das

31 *Sandro Botticelli, Detail aus »Primavera«, Venus*

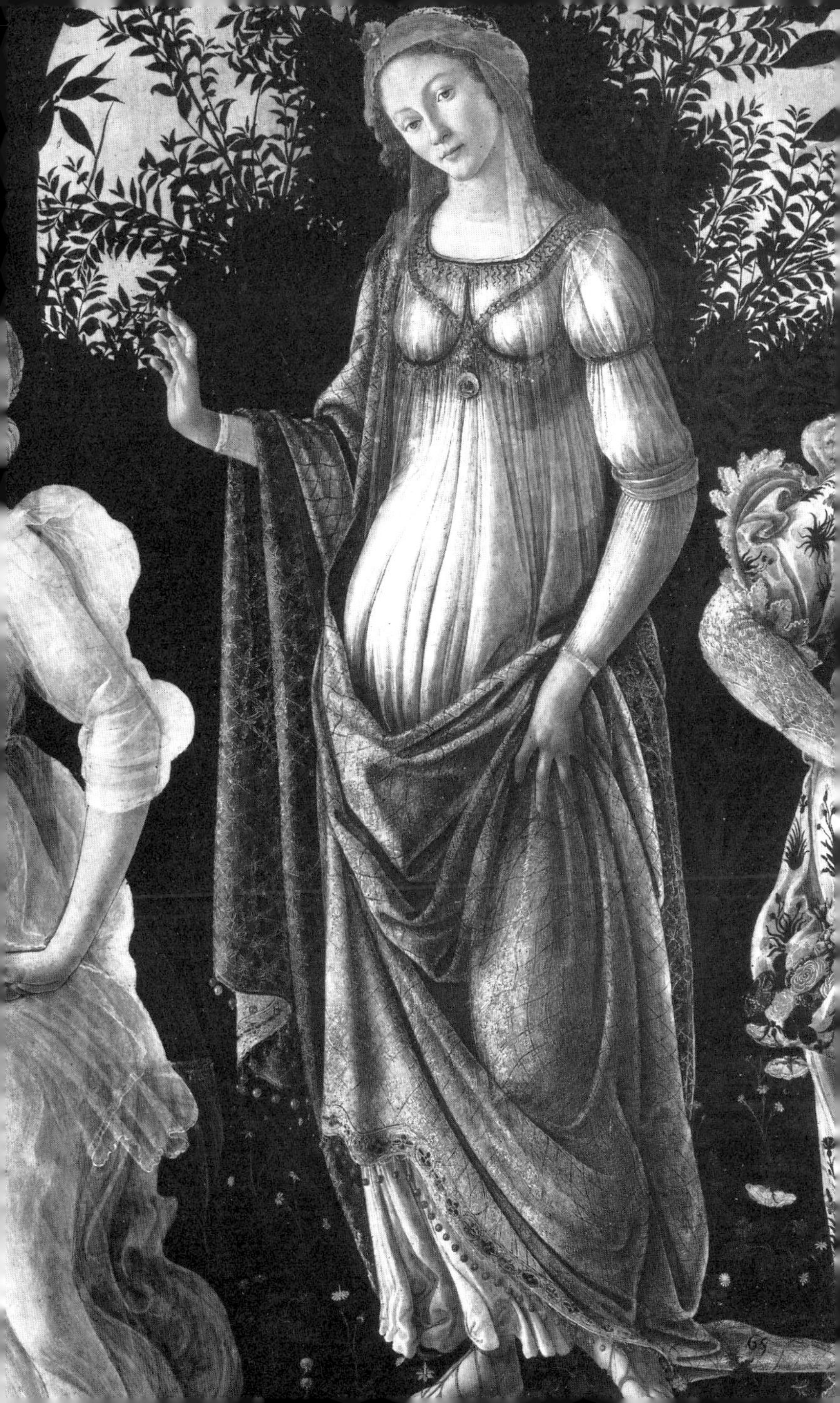

> Herz erschüttert von deinen Gewalten./ Dann durchtobt das Wild und das Vieh die üppigen Weiden,/ schwimmt durch reißenden Strom: von deinem Liebreiz gefangen/ folgt so jedes dir nach voll Begier, wohin du es leitest./ Schließlich durch Meer und Berg und hin durch reißende Ströme,/ durch der Vögel belaubtes Heim und grünende Fluren/ schüttest du allen ins Herz die sanft erregende Liebe,/ wirkst, daß sie voll Begier nach Arten die Rassen vermehren.«[82]

Im Siegeszug der Venus erscheinen neben den schäumenden Flüssen die ruhigen Wiesen, neben dem brünstigen Wild die musenhaften Vögel, halten Liebeskampf und Anmut einander die Waage: Im Frühling erzeugt die Entfesselung des Zephyr nicht nur den Frieden, sondern auch die Gewalt des Liebesreiches.

Gebannt von der komplizierten Intellektualität des Neuplatonismus, haben Interpreten unseres Jahrhunderts in der Folge von Gombrichs schulbildender Analyse den Charakter der für die »Primavera« entscheidenden lukrezschen Texte verkannt. Edgar Wind sah als Exponent dieser nach Neuplatonismen suchenden Forschungsrichtung in Zephyr und Merkur zwei Antipoden: Während der Windgott den gewaltsamen Einbruch der Idee in den Erdstoff der Materie repräsentiert, sendet Merkur die aus dem Irdischen wieder gelöste, neu gekräftigte Idee in die Himmelssphären zurück. Zephyrs Gewaltakt und Merkurs Kontemplationshaltung sollten dergestalt den Anfangs- und Endpunkt des neuplatonischen Dreischrittes von Emanatio (Abstieg), Conversio (Umwandlung) und Remeatio (Wiederaufstieg) abgeben.[83] So suggestiv diese Dialektik entwickelt scheint, so widerspricht sie doch dem Wesen und der Erscheinung der handelnden Personen. Die lukrezsche Hauptquelle der »Primavera« definiert das Treiben des Zephyr nicht etwa als einen Aggressionsschub, der dem Venusreich Gewalt antut, sondern als Hilfsdienst, der ihre frühlingshafte Existenz garantiert.

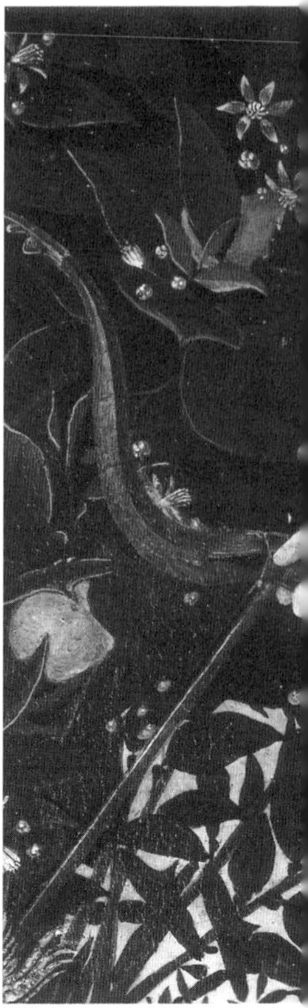

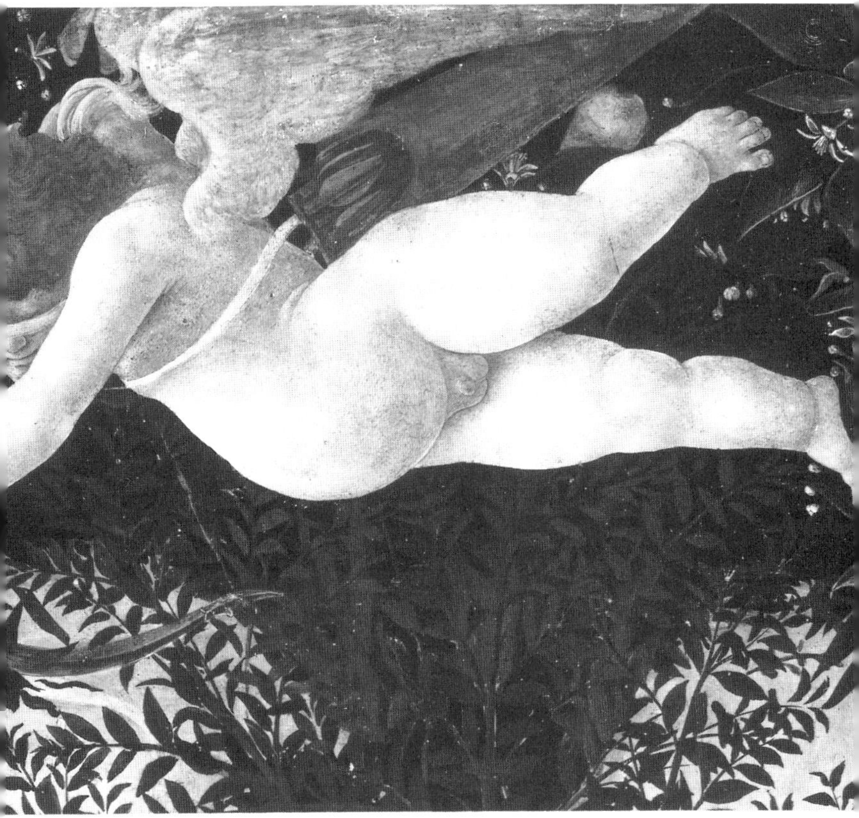

32 *Sandro Botticelli, Detail aus »Primavera«, Cupido, der Liebesgott, der mit seinen verbundenen Augen die allmächtige Ziellosigkeit seiner Pfeilschüsse bekundet*

Die neuplatonische Lesart geht auch am Verhältnis Zephyrs zu Merkur vorbei, der Horaz zufolge als Führer der Grazien zur Gefolgschaft der Venus gehört und der in dieser Eigenschaft keinesfalls in antipodischer Position zu Zephyr steht.[84] Wie Venus die stürmischen Herbst- und Winterwinde vertreibt, den Frühlingswind Zephyr aber fördert und nutzt, so verscheucht Merkur bei Vergil alle Stürme mit Ausnahme des Zephyr, dessen er sich zur Erhöhung seiner Fluggeschwindigkeit bedient.[85] Merkur und Zephyr repräsentieren denselben Zeitsprung, den schon Chloris und Flora vortragen: Mit dem herab-

jagenden Zephyr ist auch Merkur niedergefahren, befindet sich nun aber gemeinsam mit Flora, Venus und den Grazien in der zweiten Zeitsphäre nach der Hochzeit der Erdnymphe mit dem Frühlingswind.
Daß Zephyrs gebremster Gewaltakt zur Bestimmung des Reiches der Venus mit innerer Notwendigkeit gehört, belegt schließlich auch der leitsternhaft über der Szene fliegende Cupido *(Abb. 32)*. Er nimmt nach Haltung und Inhalt das Bewegungsmotiv des Zephyr auf, um es zum allgemeingültigen Begriff der Liebe zu überhöhen. Während Zephyr nur *ein* Ziel seiner Begierde hat, ist das Wirken des Cupido als höherwertig ausgewiesen durch seine ziellose Blindheit, die sich gerade das untauglichste Objekt, die Keuschheit, erwählt; er repräsentiert damit die mächtigere Instanz, die die Liebe als abstraktes Prinzip im Sinne des vergilschen »Omnia vincit amor« anarchisch und omnipotent vorführt.[86]
Im Einklang mit Lukrez, Vergil und Horaz sind Zephyr, Venus, Cupido und Merkur in ihrer gemeinsamen Fixierung auf den Frühling auch untereinander vereint. Was im christlichen Endzeitdenken und im Neuplatonismus als Zwiespalt zwischen Materie und Geist, Sinnlichkeit und Intellektualität, Animalischem und Vernünftigem auseinanderfällt, ist hier als gemeinsame Bestimmungsgröße der Wirkkraft der Natur im Garten der Venus vereint, die von höherer Warte aus die beiden vor ihr sich entfaltenden Gruppen ihrer Gefolgschaft kraft der Aura ihrer Erscheinung beherrscht.

Frühling der Unterwelt

In diesen utopisch überwölbten Venuskult, der die Hoffnung auf ein Goldenes Zeitalter aus der vierten Ekloge des Vergil mit der Frühlingsbegeisterung des Lukrez vereint, ist auch die Unterwelt einbezogen.

Die chthonische Naturkraft konzentriert sich im geheimen Mittelpunkt des Bildes, dem Anhänger mit seinem eingeschlossenen Rubin *(Abb. 33)*. Das Rot des Rubins bezeugt die Farbe der Rose, des Strauches, der erblühte, als Venus nach ihrer Geburt am Ufer landete. Die Mondsichel aber war vor allem Proserpina, der Göttin der Unterwelt zugeordnet,

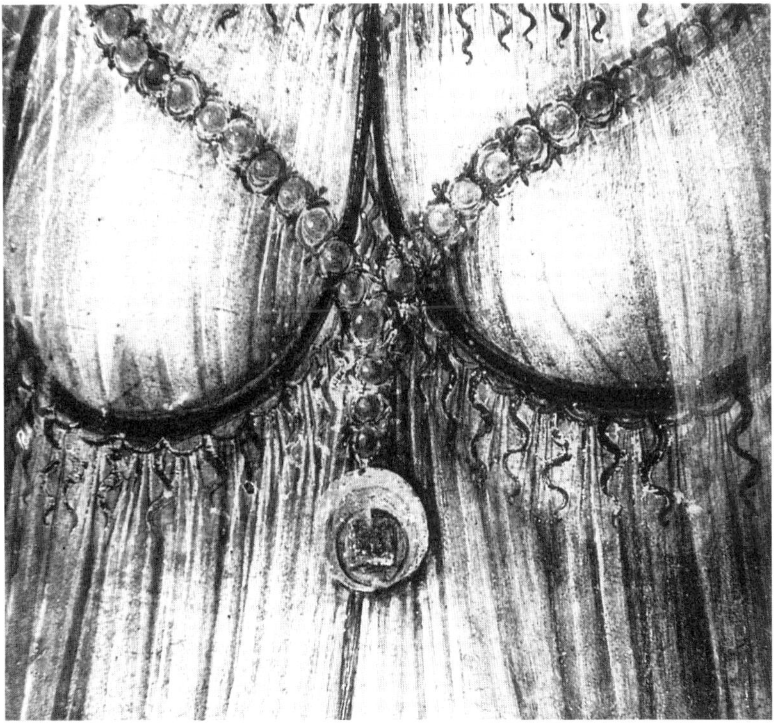

33 *Sandro Botticelli, Detail aus »Primavera«, Brustschmuck der Venus mit Rubin und Halbmond*

die in Personalunion mit Luna/Diana auftreten konnte.[87] Proserpina war von Pluto erjagt und in das unterirdische Reich entführt worden, aber sie hatte das Recht erhalten, jedes Frühjahr auf die Erde zurückzukehren. Wie Chloris geraubt worden war, nach diesem Raub aber Fruchtbarkeit und Frühling als Flora erzeugte, so gab die Entführung der Proserpina den Anlaß, daß durch ihre Rückkehr im Frühling die Zweige ausschlugen und die Saaten aufgingen; aus diesem Grund konnte Flora auch als Reinkarnation von Proserpina gelten, was nochmals den frühlingshaften Charakter der Unterweltgöttin unterstreicht.[88]

Gegenüber Flora war Proserpina als Herrin der Unterwelt aber die mächtigere Göttin, und in dieser Position hat Polizian sie in einer Beschreibung der Götterversammlung im Frühling aufgeführt, die dem Fluidum der »Primavera« nahekommt. Inmitten der grazienhaften Horen

> »ist Proserpina, wie sie aus ihrem stygischen Königreich heraufsteigt/ und geschmückter zu ihrer Mutter eilt. Und als Gefährtin ihrer Schwester/ kommt Venus, und Venus begleiten die kleinen Liebesgötter,/ und die Flora bietet dem wollüstigen Ehemann bereitwillig Küsse,/ und mitten unter ihnen, mit gelösten Haaren und nackten Brüsten/ tanzt die Grazie, den Boden mit rhythmischem Schritt berührend.«[89]

Wenn diese im Jahre 1483 publizierte Nachdichtung auch weniger dicht an die Frühlingswelt der »Primavera« heranführt als der lukrezsche Text, so bezeugt Polizians Fassung doch zumindest, wie selbstverständlich Proserpina zum Auftritt der Venus im Frühling gesellt wurde.

Botticelli hat beide Göttinnen nicht nacheinander, sondern in Personalunion aufgeführt. Die Verbindung von Venus und Proserpina im Frühling war ihm spätestens seit seiner Beschäftigung mit Dantes »Göttlicher Komödie« im Jahre 1481 bekannt, und in einer späteren Illustration des Eintrittes von Dante, Vergil und Statius in das irdische Paradies hat

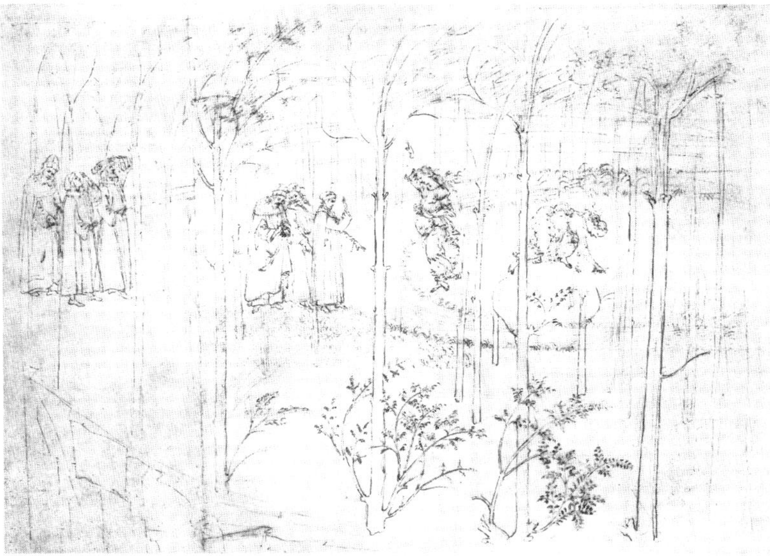

34 *Sandro Botticelli, Eintritt in das irdische Paradies von Dantes »Göttlicher Komödie«, 1490er Jahre, Ostberlin, Staatliche Museen, Kupferstichkabinett und Sammlung der Zeichnungen*

er diesen Zusammenhang nochmals thematisiert *(Abb. 34)*.[90] Vor dem heiligen Wald des Vergessens und der Sündfreiheit umfächelt die Ankömmlinge ein frühlingshafter Wind, und jenseits des Baches taucht eine schöne, blumensammelnde Frau auf, die Dante sofort an die Frühlingsgöttin der Unterwelt erinnert: »Du hast Proserpina mir herbeschworen nach Zeit und Ort.« Nach dieser Anrufung kommt die Erscheinung auf Dante zu, als würde sie eine der Gestalten der »Primavera« repräsentieren:

»Wie Tänzerinnen dicht am Boden schweben,
Geschlossenen Fußes sich zuweilen schwenkend
Und kaum den einen Fuß vorm anderen heben,
So, überm rötlich-gelben Teppich lenkend
Der Blumen, kam sie zu mir.«[91]

Offensichtlich hat Botticelli bei seiner Zeichnung noch von der »Primavera«-Venus gezehrt, die ihrerseits von seiner früheren Beschäftigung mit Dantes »Göttlicher Komödie« und der dort beschriebenen Annäherung von Venus und Proserpina beflügelt gewesen sein wird.

Vereinzelung und Harmonie

Diese Verbindung der Venus mit der Unterweltgöttin des Frühlings bestätigt nochmals die Lösung vom Zwang, der »Primavera« nur eine, verbindliche Sinnschicht zugestehen zu wollen. Den Künstlern des ausgehenden fünfzehnten Jahrhunderts war das abgekapselte Denken ebenso fremd wie den Humanisten, und ihre beispiellose Aufholjagd nach den Erkenntnissen und Fähigkeiten der Antike begeisterte sich vor allem in der Lust am Konflikt und an der Synthese.
Diesem eigenwillig synthetisierenden Denken steuern ihren Teil gerade auch die Formen bei, und in diesem Vorgang muß die ureigene Leistung des Künstlers selbst gemessen werden. Die Erscheinung der »Primavera« wird durch die oftmals beschriebene, an den »dolce stil nuovo« erinnernde trauervoll versunkene Physiognomie der Götter wieder zurückgenommen, wie auch der Stil dieser Gestalten sich vom Verismus des frühen Quattrocento gelöst hat. Mit dem Spruch, daß Botticelli schon zu denen gehörte, die »allzu biegsam waren«,[92] wird Warburg die überlängten Grazien gemeint haben, die den Weg zurückzunehmen scheinen zur internationalen Gotik um 1400, wie überhaupt die Frauengestalten bei aller Sinnlichkeit doch auch eigenartig immateriell bleiben.
Den Körperoberflächen ist ein inneres Spiel von Muskeln, Sehnen und Knochen kaum anzusehen; im Extrem zeigt die abgeknickte Hand der Chloris geradezu einen Unwillen, die Gelenke real zu charakterisieren. Auch die Fußstellungen, die in eigenartig gleitendem, gewichtslosem Schweben die Pflanzenblätter kaum zu berühren, geschweige denn niederzudrücken scheinen, formulieren eine von innen her entwickelte Entleiblichung der Körper.
Die entscheidende Entvitalisierung aber spielt sich zwischen den Gestalten ab. Sieht man vom Konflikt zwischen Zephyr und Chloris ab, so liegt über dem

gesamten Gemälde das Klima einer geradezu eisigen Unfähigkeit zur Kommunikation, und diese innere Vereinzelung wirkt um so stärker, als die Personen sich äußerlich um so kunstvoller begegnen. Dieses Wechselspiel erweist sich als das unvergleichliche Wesensmerkmal der »Primavera«. Es läßt sich über die in der einleitenden Beschreibung erwähnten Motive hinaus nachweisen, und es bestimmt selbst den Merkur, der sich vordergründig vollständig abzusondern scheint, und die Grazien, die auf den ersten Blick eine harmonische Einheit bilden.

Bei Merkur ist die Selbstisolierung ins Extrem getrieben. Andererseits bezieht er sich vorderseitig auf die Minerva des benachbarten Gemäldes und verbindet sich rückwärtig mit den Grazien. Er ist ihnen formal verbunden durch die Haltung seines rechten Armes, dessen Winkel dem hochgerichteten Arm der rechten Tänzerin entspricht; die Form seines aufgestützten Ellenbogens nimmt den Hüftknick der Tänzerin in seinem Rücken auf, als könne er dort eingepaßt werden, und seine Fußstellung bildet mit dem Schrittmotiv dieser Frau eine leicht variierte Parallele zum Gleichklang der Fußpaare der beiden rechten Tänzerinnen, so daß seiner entschiedenen Absonderung eine kompositionelle Einbindung entgegensteht.

Ein Kabinettstück und vielleicht die Krönung des Wechselspieles von Isolierung und Zusammenschluß bilden die Grazien selbst *(Abb. 35)*. Der komplizierte Reigen dieser drei Gestalten fügt sie eng zueinander, aber auf jedes Motiv der Zuwendung folgt sofort das komplementäre Moment neuen Abstandes. Gegenüber der Voluptas links scheinen Keuschheit und Schönheit rechts zunächst ein Paar zu bilden. Ihr gemeinsamer Ausgangspunkt wird vor allem durch die in eindrucksvollem Gleichklang nach außen gestellten Füße beschrieben. Die parallele Körperhaltung beider Gestalten reicht über die Knie der Spielbeine bis über die Hüfte, um erst in Schulterhöhe leicht auseinanderzustreben; während die Schönheit den Kopf zu einem leicht nach oben weisenden Blick zurücknimmt, bleibt der Oberteil der

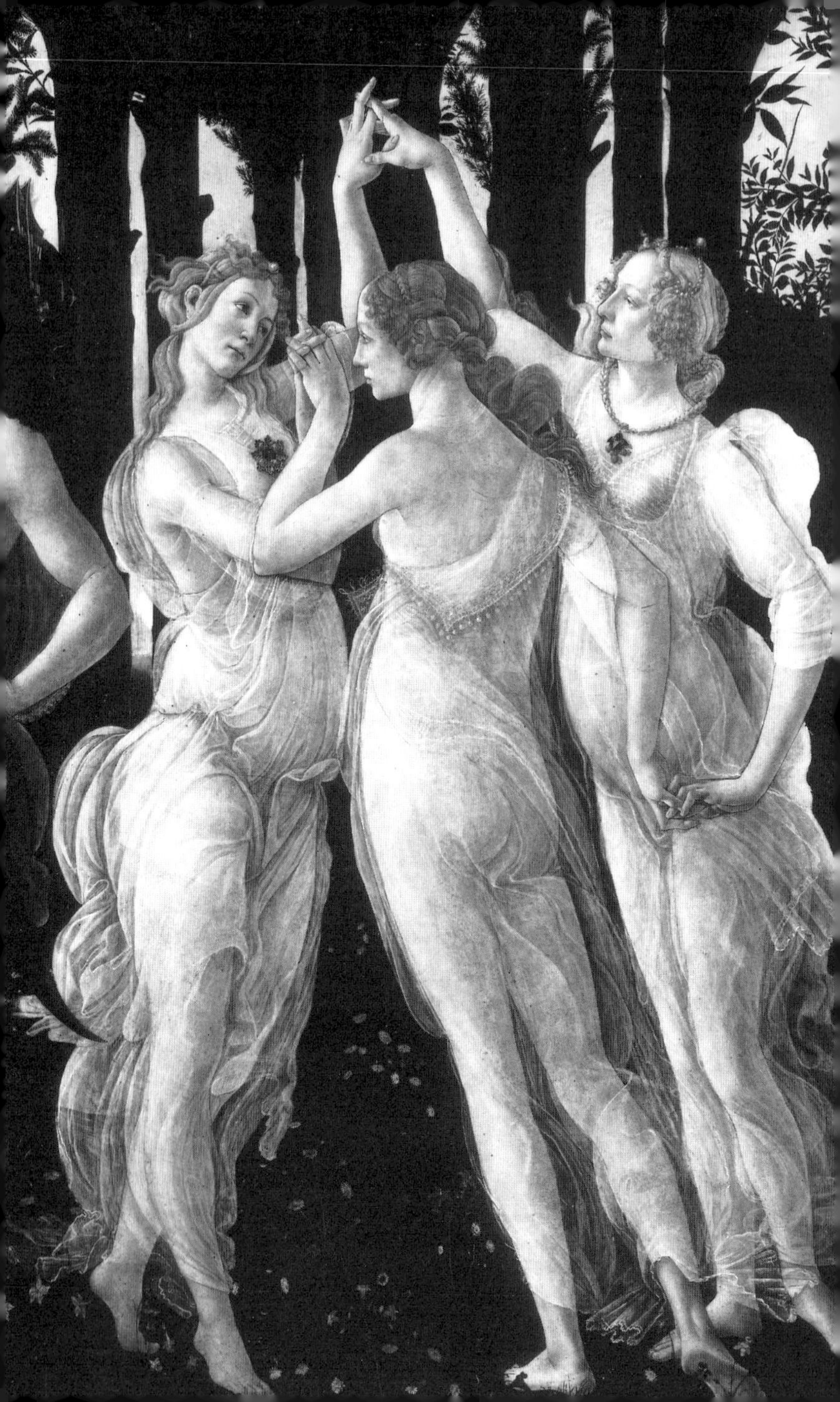

35 *Sandro Botticelli, Detail aus »Primavera«, Die drei Grazien*

Keuschheit waagerecht, so daß deren Blick in Augenhöhe verharrt. Fast unmerklich vorbereitet, steht daher am Ende einer gleichgerichteten Bewegung ein unterschiedlicher Bezugspunkt.

War die Keuschheit mit ihrer Tanzgefährtin zur Rechten durch die Fußstellung vereint, so verbindet sie sich mit der Voluptas links durch die Korrespondenz der Köpfe *(Abb. 36)*. Doch auch hier wirkt in der Zusammenführung ein trennender Kontrast; statt sich anzublicken, sehen beide aneinander vorbei. Die Verschränkung ihrer Arme bedeutet ebenfalls ein Motiv intensiver Zusammenführung, trägt aber auch den Charakter einer Aufwerfung: Der Augenblick höchster Nähe bedingt zugleich den Auftakt neuen Auseinandertretens. Diese beiden Figuren, die am Boden am weitesten auseinanderstehen, sind in der Kopfzone am stärksten verbunden; wie die Füße aber im Begriff sind, aufeinander zuzutanzen, so werden die Oberkörper im selben Augenblick sich auch wieder distanzieren. Mit eigentümlicher Präzision findet jeder Bestandteil dieses Tanzes sein komplementäres Gegenüber, so daß, da die Figuren einen Reigen bilden, auf kreisend unendliche Art jedes Motiv seinen Gegenpart erhält, um neuerlich weitergetragen zu werden. Bis in die Fingerspitzen setzt sich dieses Ineinander von Verbindung und Abwehr fort, und was als Gipfel einer empfindsamen, nur durch Berührung intensivierten Haltung oder als kongeniale Umsetzung von Senecas Triade des Gebens, Nehmens und Zurückgebens gelten kann,[93] vermag ebenso als Mangel wirklicher, zugkräftiger Verschränkung gelesen zu werden. In jedem Fall bildet diese Gruppe eine eigenartig widersprüchliche Einheit, deren innere Rhythmik durch drei autonome Gestalten gebildet wird, die sich um so stärker aufeinander beziehen, je mehr sie auseinanderstreben, und die sich um so intensiver vereinzeln, je untrennbarer sie miteinander verbunden sind. Die Körpersprache bildet auch hier eine Entsprechung zu den in sich gekehrten, versammelten Gesichtern, deren Blicke, wenn sie in dieselbe Rich-

Seite 76/77
36 *Sandro Botticelli, Detail aus »Primavera«, Oberkörper der drei Grazien*

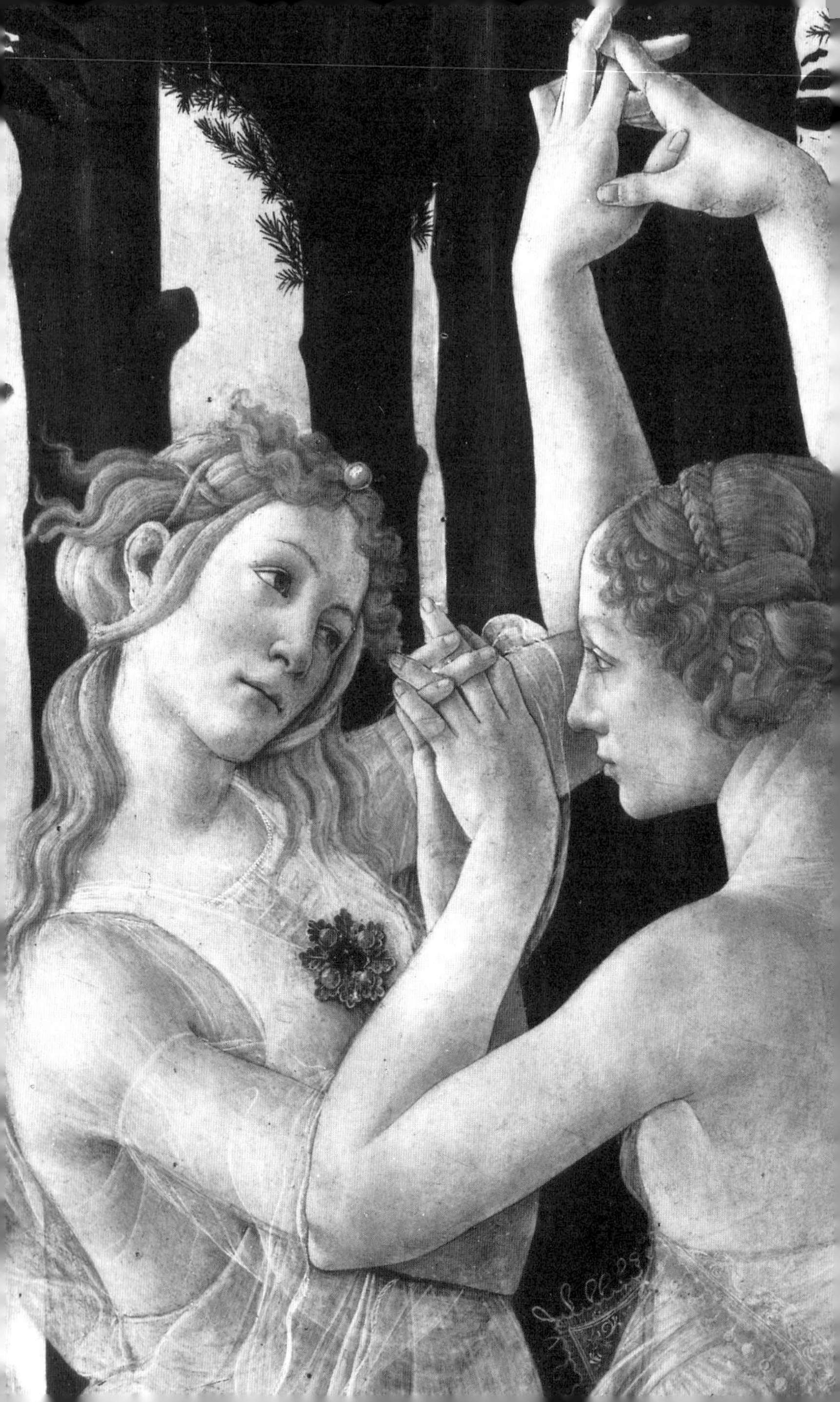

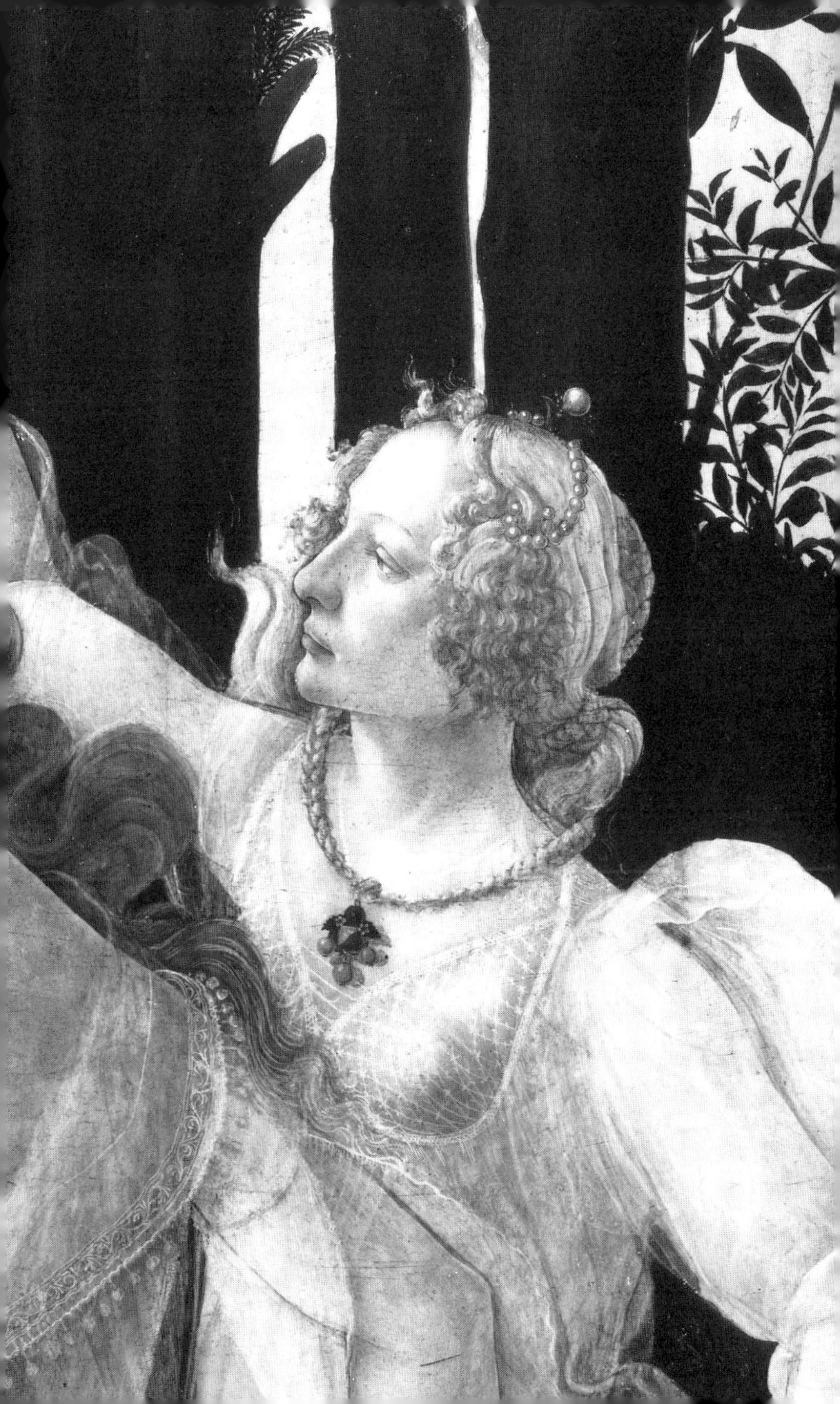

tung weisen, keinen gemeinsamen Bezugspunkt finden, und die einander vermeiden, wenn sie sich kreuzen könnten.

Was die Grazien untereinander entwickeln, birgt schließlich die Venus an und in sich selbst. Nach dem zeitgenössischen Kodex der Körpersprache war ihre Handbewegung als »Geste der Einladung und der Begrüßung«[94] zu verstehen *(Abb. 37)*. Da der Adressat ihres Willkommensgestus, wie eingangs erwähnt, unklar bleibt, führt diese Bestimmung allein aber kaum weiter, zumal die Möglichkeit gegeben ist, daß sie über den Bildrahmen hinaus zur Minerva im benachbarten Gemälde Verbindung aufnimmt. In ihrer verhaltenen und dezenten Körpersprache bleibt offen, ob sie einer inneren Stimme gehorcht und ohne konkreten Außenbezug wie in beiläufiger, autonomer Majestät die Hand erhebt oder ob sie einen fixierbaren Bezugspunkt besitzt.

Durch die Verwandtschaft ihrer Armbewegungen bleibt schließlich Flora der benachbarten Chloris

37 *Gastwirt mit der Geste der Begrüßung, Holzschnitt, aus: Jacobus de Cessolis, Libro di giuocho delli scaccchi, 1493/94*

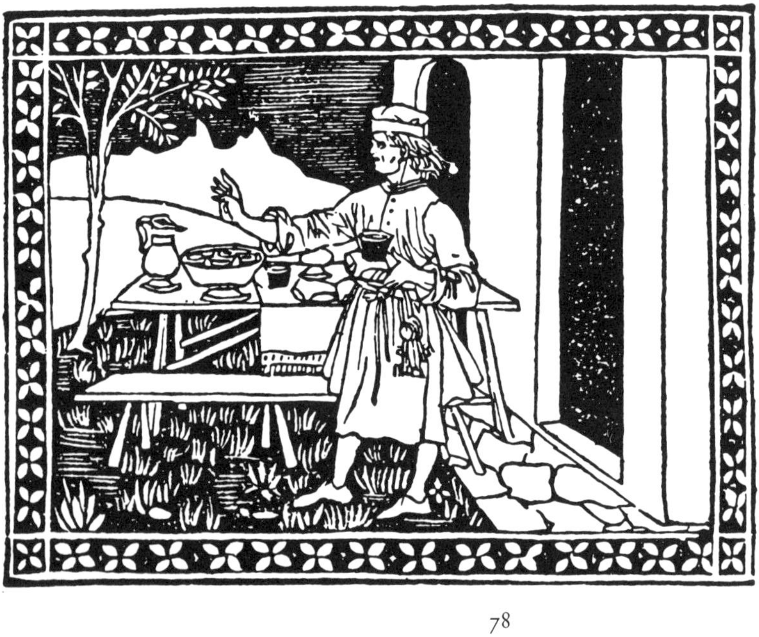

noch kompositionell verbunden, aber ihre im übrigen geradezu provokante Ignoranz gegenüber der fliehenden Erdnymphe läßt keine seelische Verbindung erkennen. Dies könnte noch als eine geglückte Umsetzung des Zeitsprunges zwischen den beiden Frauengestalten und des Wechsels ihrer Identität gelten, aber daß Flora weder durch Gestik noch Körperhaltung mit Venus verbunden ist, macht deutlich, daß sie auch in der neuen Raum- und Zeitebene einen autonomen Status beansprucht.

Auf allen Ebenen ergibt sich ein Balanceakt zwischen Ansprache und Vereinzelung. Alle Personen sind kompositionell miteinander verbunden, bleiben aber für sich, und wo sie sich gestisch oder durch Blicke aufeinander beziehen, wirken ihre Zuwendungen rätselvoll gebrochen und unbestimmt. Dieses Doppelspiel von Bindung und Spaltung steigert und konzentriert sich im eingangs beschriebenen Gesicht der Venus, deren Hälften bei aller äußeren Harmonie wie zu zwei unterschiedlichen Personen zu passen scheinen.

Die auseinanderstrebenden Energien dieses Gesichtes werden gehalten und gebändigt durch den umgebenden halbkreisförmigen Busch, wie überhaupt die wie mit eigenem Leben versehene Vegetation den Bewegungen der menschlichen Figuren korrespondiert oder diese verklammert, wo die Bindekräfte zwischen den Personen nicht hinreichend tragen. Insgesamt entsteht ein Gefüge, dessen kunstvolle Struktur auch von elegischer Leere ist, das sich trotz seiner isolierenden Einzelmotive aber zu einer Gesamtharmonie aufbaut.

Der Januskopf des Stils

Das Vermögen, auseinandertreibende und vereinzelnde Strukturen zu binden, bestimmt schließlich auch den Stil. Während die Gestalten hinsichtlich ihres antiken Charakters und ihrer teils fast nackten Erscheinung zum Kühnsten gehören, was die damalige Kunst sich gestattete, während die mit eigener Psychoenergie begabten Gewandformen weiterführen, was die Relieffelder des Agostino di Duccio im Tempel der Malatesta in Rimini entwickelt hatten[95] *(Abb. 38)*, und während die Brillanz der Pflanzenwelt den Naturalismus der Niederländer noch zu übertrumpfen sucht, geht die Leiblichkeit der Figuren zurück hinter den Verismus des frühen Quattrocento zum Internationalen Stil um 1400 mit seinen wie aus Wachsstoff gebildeten Körpern, die nur im Detail ein naturalistisches Vermögen verraten. Schließlich weist auch die Absage an die Zentralperspektive hinter jene Fähigkeiten zurück, die von Uccello, Piero della Francesca und anderen zelebriert worden waren, wie überhaupt die Anordnung der Figuren vor der mittleren Hauptperson als eine Erinnerung an das Kompositionsschema der »Sacra Conversazione« erscheint. Der Blick auf die Venus wird in extremer Verkürzung räumlich verschränkt; obzwar scheinbar im vorderen Bildmittelgrund situiert, weisen die Unterschneidungen ihres natürlichen Nimbus mit einzelnen Blättern der Orangenbäume aus, daß sie ihren Platz tiefer im Bildhintergrund hat. Sie steht damit im Schnittpunkt der seitlichen Baumreihen, die ihre ovale Krümmung durch die extreme Zusammenziehung des Raumes illusionieren, in Wirklichkeit aber wie eine Triumphallee auf die Göttin zufluchten. Diese Zusammenziehung von Vorder- und Hintergrund negiert den spektakulärsten Erfolg der Künstler des Quattrocento, die zentralperspektivische Tiefenstaffelung des Raumes. Keine wissenschaftliche Berechnung, sondern die Regeln

38 *Agostino di Duccio, Vorhang haltender Engel, um 1453, Rimini, Tempio Malatestiano*

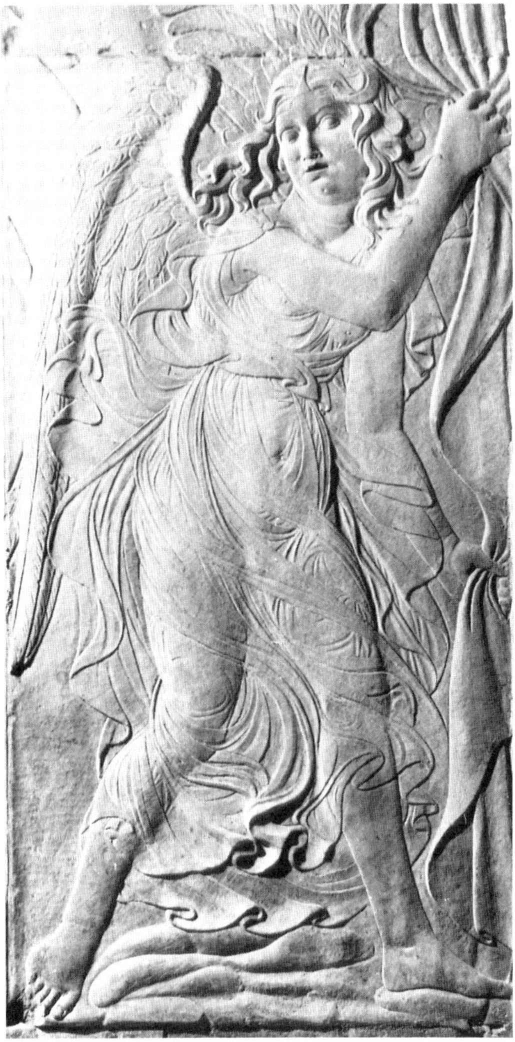

mittelalterlicher Bedeutungsperspektive bestimmen die Erscheinung jener Naturbühne, auf der antike Götter in einer akribisch gekennzeichneten Pflanzenwelt auftreten.

Auch in stilistischer Hinsicht regiert die Synthese; die konservativen Momente verbinden sich übergangslos mit renaissancebewegten Elementen von Ikonographie und Form, so daß jede abschließende Zuweisung der »Primavera« an das Mittelalter oder an die Renaissance zu kurz greift und das eigentliche, synthetische Wesen dieses Gemäldes übersieht.

Augenblick und Überzeitlichkeit

In den Globalbegriffen von Mittelalter und Renaissance sind die Stilformen der »Primavera« nicht angemessen zu erfassen. Ihre stilistische Zwiespältigkeit entspringt vielmehr einem scharf konturierten Moment der Florentiner Kultur, in dem sich die Errungenschaften von Naturalismus und Perspektive verabschieden in eine neue Stilisierung und Spiritualität und in einen neuen Konservativismus, der in Savonarola seine revolutionäre Schwungkraft findet. Gut zehn Jahre nach der »Primavera« beherrscht das »Ego sum« des Todes, der in seiner Haltung an Zephyr erinnert und dessen »bewegtes Beiwerk« noch vom fliegenden Gewand des Windgottes und von den Gewandsäumen von Chloris, Flora und den Grazien zehrt, die Gemüter der Florentiner *(Abb. 39)*, und um 1500 wird Botticelli in seinem Londoner Weihnachtsbild diese erregte Rechristianisierung zu einem visionären Höhepunkt führen *(Abb. 40)*.[96] Im himmlischen Tanz der Engel über dem Stall schwingt der Grazienreigen der »Primavera« nach, und auch die baumumstandene Waldlichtung erinnert noch an die Naturbühne der »Primavera«. Im Londoner Gemälde ist die Absage an die Zentralperspektive forciert in der Gestalt der Muttergottes, die in aufrechter Stellung weit über den Stall aufragen würde. »Primavera« und »Mystische Geburt« sind einander stärker verbunden, als dies ihre unterschiedliche Thematik erwarten läßt, und ihre stilistische Verwandtschaft läßt den Bruch im Werk Botticellis weniger kraß erscheinen.

Der Spiritualismus der neunziger Jahre ist in der »Primavera« auf dem Weg. Er bindet sich in ihr noch wie in einer antikischen Sehnsuchtslandschaft, die dem Betrachter Genuß, dem Interpreten aber die Qual bereitet, auf jede ihr abgewonnene Sinnschicht eine Gegenantwort zu finden. Aus der Entrückung jenes irdischen Paradieses, das die »Primavera« zunächst vorgibt, ergeben sich ihre Widersprüche: Sie offenbart eine bis dahin unerhörte Sinnlichkeit, die umgehend wieder entvitalisiert wird; sie treibt die Wiedergewinnung der antiken Bildmittel und einen neuen Naturalismus voran, forciert aber ebenso auch einen neuen Konservativismus, und sie repräsentiert schließlich glückhaft in die Natur eingebundene Personen, die sich in ihrer unüberwindbaren Selbstisolierung das Glück auch wieder absprechen und damit jene Psychostruktur der Vereinzelung repräsentieren, die mit dem Gewinn individueller Freiheit und der Durchkapitalisierung aller Lebensbereiche einherging.[97] Das mit sublimsten Mitteln vorgetragene Wechselspiel von Isolierung und Ausgleich, Entrükkung und Vergegenwärtigung entspricht jenen irrealen Sehnsüchten nach arkadischen Hirten- und Venusreichen, wie sie zur selben Zeit in der »Arcadia« Jacopo Sannazaros und wenig später in der »Hypnerotomachia Poliphili« Francesco Colonnas formuliert wurden.

Die gemalte Utopie der »Primavera« weist aus, daß die in ihr versammelte Hoffnung angesichts der Aussichtslosigkeit ihrer Realisierung niemals überflüssig werden wird. Ihr großartigstes Moment liegt im Mut, die Uneinlösbarkeit des irdischen Paradieses zu betonen, ohne den Anspruch auf Utopie aufzugeben. Die »Primavera« lebt von der Spannung zwischen ihrem historischen Anlaß und ihrer auf den Augenblick nicht reduzierbaren Botschaft, und in diesem Zwist zwischen Einzelanspruch und allgemeingültiger Aussage liegt auch die Schwierigkeit, sie allein dem Interesse des Auftraggebers zuzuordnen.

Das Gemälde läßt Lorenzo di Pierfrancesco zu-

nächst als Erzeuger und Garanten eines Goldenen Zeitalters in jenem Venusgarten von Florenz auftreten, der aufblühen wird, wenn die in »Minerva und der Kentaur« symbolisierte Bändigung der Hauptlinie vollzogen ist. Es verwebt den mythischen Stoff mit der Ikonographie des Auftraggebers so durchgängig, daß dieser wie ein immer gegenwärtiges Fluidum zugegen ist, aber dennoch erliegt es nirgendwo der Gefahr, als nur eindimensionales Mittel der politischen Ikonographie zu funktionieren. Botticelli hat den Anspruch des Lorenzo di Pierfrancesco unübersehbar, aber doch sublim und abstrakt genug gefaßt, daß der private Zuschnitt in der utopischen Atmosphäre des Gemäldes jede Penetranz vermeidet.
Für die Kunstgeschichte ist ein Glück, daß die Selbstdarstellung des Lorenzo di Pierfrancesco sich noch einer verhaltenen, abstrahierbaren Bildsprache bedienen mußte und daß sie weit entfernt ist von der

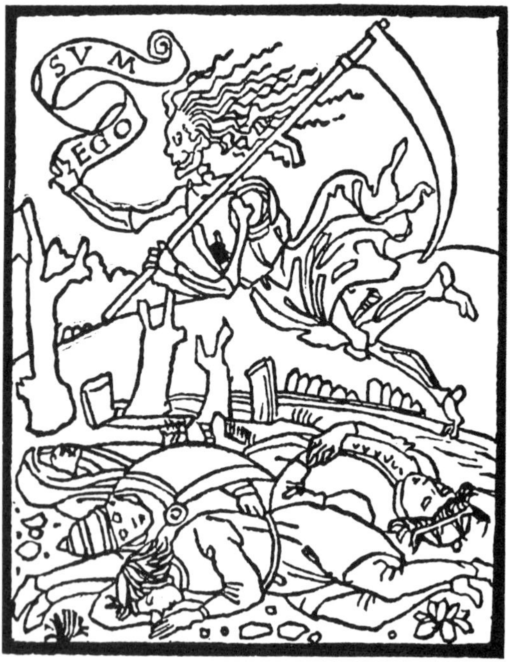

39 *Triumph des Todes, Holzschnitt aus einer Predigt Savonarolas über den guten Tod*

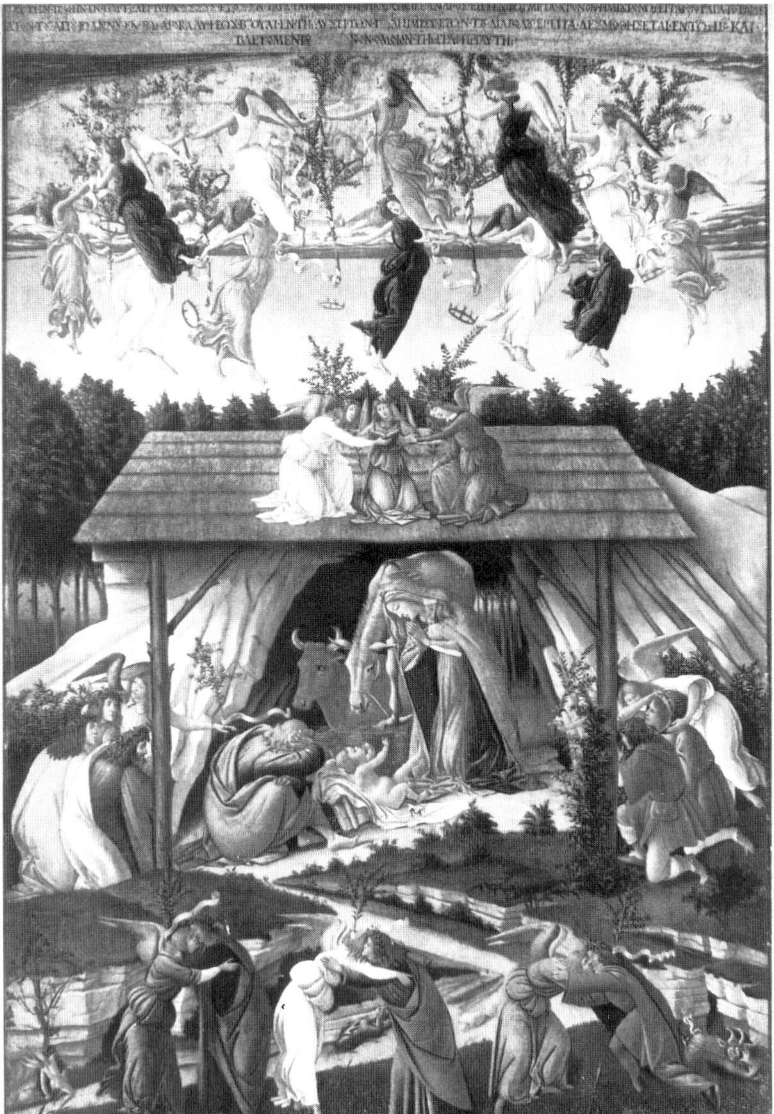

40 *Sandro Botticelli, Mystische Geburt, um 1500, London, National Gallery. Der Engelsreigen nimmt Motive des Tanzes der drei Grazien aus der »Primavera« auf*

absolutistischen Direktheit, in der sich die mediceischen Herzöge des sechzehnten Jahrhunderts feiern ließen. Die »Primavera« formuliert den Anspruch ihres Auftraggebers, ist ihm aber nie ganz zu Diensten und bleibt offen selbst für die Kritik des Ideals, das sie vorträgt. Als eines jener Schwellenbilder, in der sich unterschiedliche Epochen und Sichtweisen zu verdichten vermögen, verträgt die »Primavera« keine Summe, und keine Deutung wird den Anspruch erheben können, alles gesagt zu haben. Panofsky hat angemerkt, daß die »Primavera« zu jener kleinen Zahl von Kunstwerken gehört, von denen »zu befürchten« ist, daß sie »so lange erörtert werden, wie es Kunsthistoriker gibt«.[98] Der Verfasser des vorliegenden Versuchs ist sich der Grenzen auch seines Zuganges bewußt. Er hofft jedoch wenigstens, gezeigt zu haben, daß zur angesprochenen »Furcht« kein Anlaß besteht.

Historisches Nachwort

Lorenzo di Pierfrancesco verstarb im Jahre 1503, ohne seine politischen Ziele verwirklicht zu haben. Sein Vermächtnis, die Übertragung der Regierung von Florenz in die Hände der jüngeren Medici-Linie, erfüllte sein nach ihm benannter Enkel Lorenzo di Pierfrancesco de' Medici, der unter dem Schimpfnamen »Lorenzaccio« in die Geschichte einging, auf martialische Weise. Gemeinsam mit einem gedungenen Mörder erdolchte dieser »Lorenzaccio« im Jahre 1537 den verhaßten ersten Herzog von Florenz, Alessandro de' Medici, im Stadtpalast seines Großvaters, also quasi unter Zeugenschaft der »Primavera«. Die ältere Linie der Familie war damit ausgelöscht. Die Tat führte aber nicht zu einem Wiederaufleben der Republik, sondern zu einer Festigung der Einzelherrschaft. In den Nachwirren des Tyrannenmordes fiel die Macht in die Hände des Vetters von Lorenzaccio, Cosimo, der Florenz zwar endgültig unter die Herrschaft der jüngeren Medici-Linie brachte, jeden freiheitlichen Keim aber im Ansatz zu ersticken wußte.

Ob Lorenzo di Pierfrancesco die Art und die Folgen gefallen hätten, unter denen die Macht der Medici-Hauptlinie zugunsten seines eigenen Zweiges gebrochen wurde, ist nicht zu entscheiden. Da er nie jene Florenz beherrschende Rolle einzunehmen vermochte, die ihm die »Primavera« zu verheißen schien, muß offenbleiben, ob seine republikanische Parteinahme Gesinnung oder nur Mittel war, um die Macht in Florenz zu übernehmen.

Zumindest in der Erinnerung galt er als »Popolano«, und nichts konnte Cosimo daran gelegen sein, mit ihm, der doch sein Großonkel war, und dessen Nachkommen Lorenzaccio verbunden zu werden. Cosimo tat vielmehr alles, um die Kenntnis davon auszulöschen, daß er selbst ein Sproß jenes jüngeren Familienzweiges war, von dem aus die Angriffe auf die ältere Linie vorgetragen worden waren. Seine Absetzbewegung wurde schwieriger, als im Jahre 1526 ein Teil des Stadtpalastes von Lorenzo di Pierfrancesco und seinem Bruder Giovanni sowie die Villa von Castello, die Lorenzo di Pierfrancesco im Jahre 1477 gekauft hatte, in seinen Besitz kam. Um so nachhaltiger war die Beseitigung aller Erinnerungen an diesen Zusammenhang: Anläßlich der Amtseinführung Cosimos verwüstete eine aufgebrachte Menge den Stadtpalast von Lorenzo di Pierfrancesco, in dem der Mord an Alessandro geschehen war,[99] und mit dieser Zerstörungstat, die, wenn sie von Cosimo nicht geduldet oder geschürt worden ist, ihm doch zumindest außerordentlich gelegen kommen mußte, war der architektonische Beweis der Abstammung Cosimos von der jüngeren Linie der Medici getilgt.

Da die »Primavera« um 1540 in Castello bezeugt ist, kann angenommen werden, daß Cosimo sie aus Anlaß der Verwüstung des Stadtpalastes von Lorenzo di Pierfrancesco dorthin übertragen hatte. Durch diese Entfremdung von ihrem ursprünglichen Standort war die »Primavera« entwertet zu einem geschichtsfreien Gemälde, das sich später als Versatzstück ahistorischer Kunstbetrachtung anbot. Cosimo aber scheint ihre brisante Bedeutung noch verstanden zu haben. Wie um die politische Aussage der Pflanzenwelt in der »Primavera« selbst nach ihrer Neutralisierung in die freie Natur noch zusätzlich zu entkräften, wählte er die Pflanzenmetaphorik auch zu seiner eigenen Stilisierung. Cosimo setzte nun auch heraldisch auf die Traditionskette der älteren Linie, und anläßlich seines Amtsantrittes ließ er eine Imprese entwickeln, die Alessandro und ihn selbst als Äste am Stamm der Medici zeigen: Während ein herunterhängender Ast den ermordeten Alessandro repräsentiert, wachsen nach oben neue, kräftige Triebe, die Cosimos Übernahme der Herrschaft anzeigen *(Abb. 41)*. Auch Piero de' Medici, der Lorenzo di Pierfrancesco im Jahre 1494 in die Verbannung geschickt hatte, im selben Jahr aber seinerseits ins Exil gehen mußte, wurde von Cosimo mit der pflanzlichen Metapher der Wiedergeburt posthum aufgewertet; in der Sala di Lorenzo il Magnifico ließ er Vasari einen Baumstumpf malen, aus dem junge Zweige sprossen, als Sinnbild von Pieros Hoffnungen, daß der Baum der Medici doch noch zu frischen Trieben fähig sei.[100] Während die politisierte Pflanzenwelt der »Primavera« nach Castello verbannt war und das Fresko im Palazzo Vecchio die Zuversicht der älteren Medici-Linie in Form neuer Triebe auf Cosimo übergehen ließ, war der Kampf zwischen Lorenzo di Pierfrancesco und Piero in der dritten Generation entschieden.

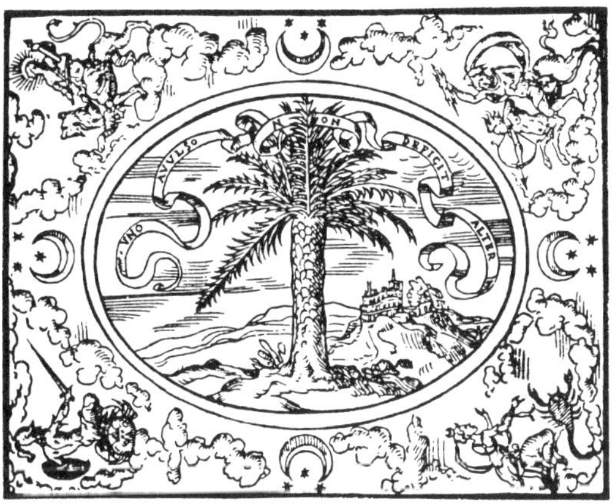

41 *Impresa des Cosimo I de' Medici, aus: Paolo Giovio, Dialogo dell' imprese militari et amorose, 1559*

Anmerkungen

Dem vorliegenden Versuch liegt eine im Wintersemester 1985/86 gehaltene Vorlesung zugrunde. Teilergebnisse wurden an der Bibliotheca Hertziana in Rom, dem Suermondt-Museum in Aachen und der Universität Osnabrück vorgestellt. Arnold Nesselrath und Christina Riebesell haben eine Reihe historischer und kunsthistorischer Hinweise gegeben; ihnen ist ebenso zu danken wie Klaus Herding, Berthold Hinz, Ingeborg Walter, Martin Warnke und Roberto Zapperi für die kritische Lektüre des Textes. Für die Transkription des in Anm. 2 nachgewiesenen Gedichtes ist Raffaella Zaccari und für nicht nur in diesem Fall gespendete philologische Hilfe Klaus Alpers zu danken.

1 Die Medaille des im Jahre 1463 geborenen Lorenzo di Pierfrancesco zeigt ihn in vorgerücktem Alter; sie ist vermutlich um 1500 entstanden, wenige Jahre vor seinem Tod 1503. Sie hat Berühmtheit erlangt durch ihre Rückseite mit einem Ouroboros als Zeichen von Ewigkeit und Vollendung; vgl. dazu E. Wind, Heidnische Mysterien in der Renaissance, Frankfurt/M. 1981, S. 135, 307f. Zur Medaille G. F. Hill, A Corpus of Italian Medals of the Renaissance before Cellini, 2 Bde., London 1930, Nr. 1054.

2 Bartolomeo Scala, De Arboribus, Biblioteca Nazionale, Florenz, Magl. VII, 1195 (Strozzi 789), fol. 102r–117v; hier: »Inter nimphas et numina sylvicolarum / Vivere amem« (fol. 105r); »Hos igitur tantos cernens, Populane, labores / Flecteris atque alimenta tuis externa ministras / Sumptibus haud parcens magnis pestemque repellens« (fol. 106r).

3 »O Firenze, tu dovvresti esser florida come tu hai el nome«. G. Savonarola, Prediche sopra Aggeo (Hg.: L. Firpo), Rom 1965, S. 379. Zur Pflanzenmetaphorik allgemein vgl. G. B. Ladner, Pflanzensymbolik und der Renaissance-Begriff, in: A. Buck (Hg.), Zu Begriff und Problem der Renaissance, Darmstadt 1969, S. 336–394.

4 Grundlegend H. Horne, Botticelli. A Painter of Florence, London 1906 (Reprint Princeton 1980), der S. 52ff. die romanzenhafte Identifizierung der »Frühlingsgöttin« mit Simonetta Vespucci durch A. Warburg, Sandro Botticellis »Geburt der Venus« und »Frühling«, hier und im folgenden zit. nach: Ders., Gesammelte Schriften, Nendeln 1969, S. 1–58, korrigiert. Weitere Versuche einer historischen Präzisierung: E. Gombrich, Botticelli's Mythologies. A Study in the Neo-Platonic Symbolism of this Circle, in: Journal of the Warburg and Courtauld Institutes, Bd. 8, 1945, S. 7–60, im folgenden zit. nach dem Neudruck, in: Ders., Symbolic Images, London 1975, S. 31–81 (vgl. Anm. 19); R. Lightbown, Botticelli, Life and Work, 2 Bde., London 1978; M. Levi d'Ancona, Botticelli's Primavera: A Botanical Interpretation Including Astrology, Alchemy and the Medici, Florenz 1983.

5 Bislang nicht beachtete Vorläufer untersucht B. Hinz, »Amorosa Visione«. Inkunabeln der Profanmalerei in Florenz, ersch. in: Städel Jahrbuch, N. F. Bd. 11, 1987, S. 127–146.

6 Gegen Warburgs Deutung (s. Anm. 4), die den antikisch orien-

tierten Befreiungsakt betonte, sahen vor allem deutschsprachige Autoren wie E. Schaeffer und W. v. Bode das mittelalterliche Erbe; Wortführer war A. Schmarsow: Sandro del Botticello, Dresden 1923. Daß mit Botticellis Zurückdrängung in das Mittelalter eine Heimholung in den germanischen Tiefsinn mitschwang, hatte in sendungsbewußter Deutlichkeit M. Escherich im Repertorium für Kunstwissenschaft, Bd. 31, 1908, S. 1–6, hier: 6, formuliert; sie sah in der »Primavera« einen »Geist der germanischen Weltanschauung« wirken, der »in der Folge der Zeiten den individualistischen der welschen Renaissance besiegte«.

7 A. Parronchi, Botticelli fra Dante e Petrarca, Florenz 1985.

8 Ein jüngeres Beispiel bietet P. Holberton, Botticellis's »Primavera«: Che volea s'intendesse, in: Journal of the Warburg and Courtauld Institutes, Bd. 45, 1982, S. 202–210, der ohne innere Bindung zahlreiche Motive der alteuropäischen Literatur auswirft, die nur irgend mit den Gestalten der »Primavera« zu korrespondieren scheinen.

9 Lightbown (s. Anm. 4), Bd. 1, S. 157.

10 Giorgio Vasari, Le vite (ed. Milanesi), Bd. 3, Florenz 1906, S. 312.

11 Lightbown (s. Anm. 4), Bd. 2, S. 52.

12 Warburg (s. Anm. 4), S. 44. Für den Zusammenhang zwischen Merkur, den Grazien und Venus: Horaz, Oden, 1, 30; für die Gestalt der Grazien: Seneca, De beneficiis, 1, 3, 2 ff.; für Merkur, Venus, Cupido, Flora und Zephyr: Lukrez, De natura rerum, 1, 6 ff. und 5, 737 ff. und für Zephyr und Chloris: Ovid, Fasti, 5, 195 ff.

13 Wind (s. Anm. 1), S. 137 ff. Winds grundlegende Analyse geht auf jene Bezeichnung zurück, die W. Bayersdorfer bereits vor Warburg geäußert hatte; vgl. Warburg (s. Anm. 4), S. 26 f.

14 Ovid, Fasti, 5, 195; vgl. Wind (s. Anm. 1), S. 137 u. Warburg (s. Anm. 4), S. 32.

15 Wind (s. Anm. 1), S. 139.

16 Wind (s. Anm. 1), S. 139 ff.; vgl. schon Warburg (s. Anm. 4), S. 29. Zur Triade von Geben, Nehmen und Zurückgeben: C. Dempsey, Botticelli's three Graces, in: Journal of the Warburg and Courtauld Institutes, Bd. 34, 1971, S. 326–330.

17 Gombrich (s. Anm. 4). Vgl. die ganz auf den Landkult abzielende Deutung durch C. Dempsey, Mercurius Ver: The Sources of Botticelli's Primavera, in: Journal of the Warburg and Courtauld Institutes, Bd. 31, 1968, S. 251–273.

18 J. Shearman, The collections of the Younger Branch of the Medici, in: The Burlington Magazine, Bd. 117, 1975, S. 12–27, hier: 25, Nr. 38; W. Smith, On the Original Location of the Primavera, in: The Art Bulletin, Bd. 57, 1975, S. 31–40, hier: 37, Nr. 9.

19 Gombrich (s. Anm. 4). Dagegen Lightbown (s. Anm. 4). Schließlich Gombrichs Abrücken von seiner frühen Deutung im Vorwort zur dritten Auflage von »Symbolic Images« (Oxford 1985, S. ix); vgl. ders., Das symbolische Bild, Stuttgart 1986, S. 286 ff. Desungeachtet noch Parronchi (s. Anm. 7) mit neuplatonischem Deutungsansatz. Eine frühe Alternative bei Dempsey (s. Anm. 17).

20 Zusammenhang mit der Hochzeit: Lightbown (s. Anm. 4), Bd. 1, S. 72, 81; Levi d'Ancona (s. Anm. 4), S. 40–66.

21 Vgl. C. Dempsey, Rez. von Levi d'Ancona (s. Anm. 4), in: Renaissance Quarterly, Bd. 37, 1984, S. 98–102 und G. Moggi, Piante e fiori nella »Primavera« in: U. Baldini (Hg.), Metodo e scienza, operatività e ricerca nel restauro, Florenz 1982, S. 217–228.

22 Warburg (s. Anm. 4), S. 38 f.

23 Ob sie später in die Sammlung Mattei oder Garimberti überging, ist unklar, aber ihre Gestalt kann durch überlieferte Beispiele nachvollzogen werden. Hierzu und zum folgenden H. Wrede, Der Antikengarten der del Bufalo bei der Fontana Trevi (= Trierer Winkelmannprogramme, Nr. 4, 1982), Mainz 1983, S. 1–28.

24 Lightbown (s. Anm. 4), Bd. 1, S. 94.

25 Unter Mißachtung von Dempsey (s. Anm. 17, S. 266 f.) Zusammenstellung der Meinungen bei A. Godoli, Il »Palazzo« di Castello e la Nascita di Venere, in: L. Berti (Hg.), La Nascita di Venere e l'Annunciazione del Botticelli restaurate, Florenz 1987, S. 33–43.

26 Lightbown (s. Anm. 4), Bd. 2, S. 56 f. Analyse der Pflanzensymbolik bei Levi d'Ancona (s. Anm. 4), S. 177 ff.

27 Vgl. B. Supino, Sandro Botticelli, Florenz 1900, S. 84, der ebenfalls in die Mitte der achtziger Jahre datiert.

28 K. Arndt, Hugo van der Goes. Der Portinari-Altar, Stuttgart 1965, S. 9. Zur Symbolik: S. 10.

29 G. Panhans, Florentiner Maler verarbeiten ein Eycksches Bild, in: Wiener Jahrbuch für Kunstgeschichte, Bd. 27, 1974, S. 188–198, hier: 191 f.

30 Zusammenstellung bei B. Marrai, La »Primavera« del Botticelli, in: Rassegna Internationale della Letteratura e dell'Arte contemporanea, 2. Jg., Bd. 5, Fasc. 6, S. 365–380, hier: 366; 378, Anm. 34.

31 A. Brown, Pierfrancesco de' Medici, 1430–1476: A radical Alternative to elder Medicean Supremacy?, in: Journal of the Warburg and Courtauld Institutes, Bd. 42, 1979, S. 81–103, hier: 99 f. Die folgenden Ausführungen zum Verhältnis der Familienzweige gehen im wesentlichen auf diese Untersuchung zurück.

32 Zit. nach Brown (s. Anm. 31), S. 99.

33 Francesco Guicciardini, Dialogo e discorsi del Reggimento di Firenze (Hg.: R. Palmarocchi), Bari 1932, S. 165; vgl. Brown (s. Anm. 31), S. 102.

34 Dieser Brief ist abgedruckt bei Gombrich (s. Anm. 4), S. 80.

35 Marsilius Ficinus, Opera Omnia, 2 Bde., Turin 1962 (Nachdruck der Erstausgabe Basel 1576), hier: Bd. 2, S. 846; abgedr. auch bei Levi d'Ancona (s. Anm. 4), S. 182.

36 Archivio di Stato, Florenz, MAP 104, 48, Fol. 456v; vgl. Brown (s. Anm. 31), S. 100, Anm. 93.

37 R. De Roover, The rise and decline of the Medici bank, Cambridge (Mass.) 1963, S. 366; Brown (s. Anm. 31), S. 100. Die Akten sind im Archivio di Stato in Florenz bewahrt. Beschwerdebrief von Lorenzo di Pierfrancesco und Giovanni: MAP 104, 48, Fol. 456v; Disput zwischen den Zweigen mit Bartolomeo Scala als Schiedsrichter: Notarile G 620 (S. Grazzini), Fol. 198r; Grundlage für den Kompromiß von 1485: MAP 99, 8, Fol. 30–31; Kompromiß vom 22. 11. 1485: Notarile G 620, Fol. 218r–225v, MAP 104, 48, Fol. 454r u. 469r, MAP 159,

Fol. 49r–62v; Nachbesserung seitens Lorenzo il Magnificos 1486 und 1488: Notarile G 620, Fol. 230r–231v; MAP 104, 48, Fol. 464r f.; vgl. Brown (s. Anm. 31), S. 101, Anm. 94.

38 A. Cappelli, Lettere di Lorenzo de' Medici detto il Magnifico conservate nell'Archivio Palatino di Modena, Modena 1863, S. 77.

39 Gombrich (s. Anm. 4), S. 40, ohne Nachweis.

40 Vgl. J. Kliemann, Vertumnus und Pomona, in: Mitteilungen des kunsthistorischen Institutes in Florenz, Bd. 16, 1972, S. 293–328, hier: 304 ff. und Levi d'Ancona (s. Anm. 4), S. 43, die nur zwei gebogene Stämme sieht und daher zu falschen Schlüssen kommt.

41 Michael Marullus, Carmina (Hg.: A. Perosa), Zürich 1951; Epigrammaton libri I, 1, 23; II, 1, 29; III, 1, 47 bis 52; IV, 1; Hymnorum Naturalium Ded.; II, 4, 11; III, 2. Zum Lorbeer bei den Medici vgl. Kliemann (s. Anm. 43), S. 307.

42 R. J. M. Oleson, Studies in the later works of Sandro Botticelli, Phil. Diss., Princeton 1975, S. 312; vgl. Kliemann (s. Anm. 40), S. 326. Im Impresenkatalog des sechzehnten Jahrhunderts heißt es: »Femmina figurante Firenze con giglio in mano all'ombra di un lauro« (zit. nach F. Ames-Lewis, Early Medicean Devices, in: Journal of the Warburg and Courtauld Institutes, Bd. 42, 1979, S. 122–143; hier: 143; vgl. Levi d'Ancona (s. Anm. 4), S. 83.

43 Levi d'Ancona (s. Anm. 4), S. 43. Zu Savonarola s. Anm. 3.

44 J. A. Levenson/K. Oberhuber/J. L. Sheehan, Early Italian Engravings from the National Gallery of Art, Washington 1973, S. 142 f.

45 Cyriacus von Ancona hatte von seiner Griechenland-Reise das Bild eines archaischen Merkur mit flammenübersprühter Chlamys mitgebracht, bei dem sämtliche Flammen nach oben weisen (E. Panofsky/F. Saxl, Classical mythology in medieval art, in: Metropolitan Museum Studies, Bd. 4, 1932/33, S. 228–280, hier: 258).

46 Lightbown (s. Anm. 4), Bd. 2, S. 40; vgl. auch den Raczynski-Tondo in Berlin-Dahlem. Die Zeichnung illustriert Paradiso 8. Der ges. Zyklus bei K. Clark, Sandro Botticellis Zeichnungen zu Dantes Göttlicher Komödie, Bergisch Gladbach 1977.

47 Vgl. Wind (s. Anm. 1), S. 144.

48 Shearman (s. Anm. 18), S. 22; Smith (s. Anm. 18), S. 35.

49 Gombrich (s. Anm. 4), S. 65; Brown (s. Anm. 31), S. 103.

50 E. Simon, Die Reliefmedaillons im Hofe des Palazzo Medici zu Florenz, II. Teil. Das humanistische Programm der Tondi, in: Jahrbuch der Berliner Museen, Bd. 7, 1965, S. 49–91, hier: 64 ff. M. Lisner, Form und Sinngehalt von Michelangelos Kentaurenschlacht, in: Mitteilungen des kunsthistorischen Institutes in Florenz, Bd. 24, 1980, s. 299–344, hier: 319, zögert, im Kentauren Chiron zu sehen. Der Zusammenhang mit der übrigen Medici-Ikonographie spricht für sich.

51 Vgl. V. Herzner, David Florentinus, in: Jahrbuch der Berliner Museen, Bd. 24, 1982, S. 63–142, hier: 135 ff.

52 Shearman (s. Anm. 18), S. 21. Zum Gebrauch der Lilie vgl. Oleson (s. Anm. 42), S. 311 ff.

53 Die ikonographisch maßgebliche Tarock-Spielkarte *(Abb. 25)* widerlegt Wind (s. Anm. 1), S. 144, Anm. 28. Polizians Darstellung des Merkurs mit Krummschwert (Sylvae, III, Ambra,

48 ff.) kann von der Heraldik der Medici-Nebenlinie inspiriert worden sein.

54 Levi d'Ancona (s. Anm. 4), S. 50, Anm. 79; 62 f., Anm. 161.

55 Wind (s. Anm. 1), S. 102.

56 Simon (s. Anm. 50), S. 68; umfangreiches Material bei Ames-Lewis (s. Anm. 42), S. 128 f., 140 und Levi d'Ancona (s. Anm. 4), S. 42 f.

57 Dieses und weitere Beispiele der Gleichsetzung von Orangen und mediceischen »Palle« bei Ames-Lewis (s. Anm. 42), S. 128. Zu den Gemälden Uccellos vgl. G. Griffiths, The political Significance of Uccello's »Battle of San Romano«, in: Journal of the Warburg und Courtauld Institutes, Bd. 41, 1978, S. 313–316.

58 »Illa fretus agit ventos et turbida tranat/nubile« (Vergil, Aeneis, 4,245 f.; vgl. Warburg [s. Anm. 4], S. 40, 320).

59 Dante, Göttliche Komödie, Purgatorio, 27, 112–117; übers. nach H. Gmelin.
Zu weiteren Preisungen dieser »entgifteten« Paradiesäpfel vgl. H. Gmelin, Kommentar, Bd. 2, Stuttgart 1955, S. 431. Vgl. auch Warburg (s. Anm. 4), S. 320.

60 Shearman (s. Anm. 18), s. 25, 27, Nr. 38, 39.

61 Wohl wegen des fehlenden Helmes ist sie erst im Inventar von 1516 als »Minerva« bezeichnet, was dazu geführt hat, an ihrer Identität ebenso zu zweifeln wie daran, daß die »Primavera« auf sie bezogen war (Shearman [s. Anm. 18], S. 18 f.; Smith [s. Anm. 18], S. 35 f.). Vgl. dagegen R. Wittkower, Transformations of Minerva in Renaissance Imagery, in: Journal of the Warburg und Courtauld Institutes, Bd. 2, 1938/39, S. 194–205, hier: 196, 198.

62 S. Settis, Cittarea ›su una impresa di bronconi‹, in: Journal of the Warburg and Cortauld Institutes, Bd. 34, 1971, S. 135–177; Pausanias, 3, 23, 1.

63 Angelo Poliziano, Stanze, 2, 40–43; hier: 41, 1. Vgl. Warburg (s. Anm. 4), s. 23 ff.

64 Kritik an der Identifizierung dieser Pflanze als Olive bei Wittkower (s. Anm. 61), S. 200, durch Shearman (s. Anm. 18), S. 18, Anm. 45 und Smith (s. Anm. 18), S. 36.

65 Ames-Lewis (s. Anm. 42), S. 126 ff. hält es für offen, ob bereits Giovanni di Bicci den Diamanten für sich reserviert hat; da die Quellen des sechzehnten Jahrhunderts hiervon einmütig ausgehen, ist anzunehmen, daß selbst im wenig wahrscheinlichen Falle, daß dies nicht zutrifft, in den achtziger Jahren zuvor die Legende bereits festgeschrieben war. Die späteren Zusätze ebd., S. 127, 129, 137 f.

66 Ovid, Metamorphosen, 1,717–18.

67 »Neque re vera Veneris sunt pedissequae sed Minervae« (s. Anm. 35).

68 Diese Meinung zuletzt bei Holberton (s. Anm. 8), S. 203.

69 »Cuius ipsa vel ingenii vel naturae bona non minus diligere quam admirari debemus, quippe qui omnes litterae tam grecae quam latinae, ceteraeque bonae artes in hoc homine solum elucere visae sunt« (Giorgio Antonio Vespucci am 8. 1.1477; nach A. F. Verde, Lo studio fiorentino, 1473–1503, Bd. 3, 1, Pistoia 1977, S. 568).

70 »Adulescens quidam nimis quam studiosus«; zit. nach P. de Nolhac, Giovanni Lorenzi, in: Mélanges d'Archéologie et d'hi-

storie publiés par l'école française de Rome, Bd. 8, 1888, S. 3–18, hier: 15.

71 »Ferreus sim, si tibi quid denegem, tam nobili adolescenti, tam probo, tam mei amanti, tanto denique eam studio efflagitanti. Quare habe tibi quidquid hoc libelli: Ac tu quoque desiderio nostro aliquando subveni; et quae tibi musae amatoria carmina vernaculae suggerunt, ne patere, quaeso, a nobis expectari diutius« (A. Politianus, Opera Omnia, Hg.: I. Maier, Bd. 2, Turin 1970, S. 287 f.).

72 »Quare habe ...«: Catull, 1, 8.

73 Polizian, Manto, 127. Zur Wiederkehr des Gedankens des Goldenen Zeitalters zur Zeit Llorenzo il Magnificos vgl. E. H. Gombrich, The Renaissance and the Golden Age, in: Journal of the Warburg and Courtauld Institutes, Bd. 24, 1961 S. 306–309. Vgl. zum Zusammenhang mit Polizians Vergil-Dichtung Supino (s. Anm. 27), S. 79.

74 Lukrez, 5, 737–740. Hier und im folgenden frei zit. nach der Übers. durch K. Büchner.

75 A. Brown, Bartolomeo Scala, 1430–1497, Princeton 1979, S. 120. Die Akten der Einleitung der Heirat durch Scala in: Archivio di Stato, Florenz, Notarile M 530, Fol. 70v. Zum Kompromiß von 1485 vgl. Anm. 40.

76 Brown (s. Anm. 75), S. 209, 313 ff.

77 G. Pieraccini, La stirpe de' Medici di Cafaggiolo, Bd. 1, Florenz 1924, S. 345. Bemerkungen zum Verhältnis von Lorenzo di Pierfrancesco zu Marullo bei Brown (s. Anm. 31), S. 103. Zu Marullo grundlegend B. Croce, Michele Marullo Tarcaniota, Bari 1938. Dort S. 21 ff. die Beziehungen zum Nebenzweig der Medici.

78 Dies geschieht fernab von allem christlichen Denken und in schroffem Gegensatz zu jenem neuplatonischen Zirkel, in den Gombrich diesen Lukrezanhänger in bezeichnender Verkehrung der Fronten einreihen wollte (Gombrich [s. Anm. 4], S. 66). Gombrichs Gewährsmann Croce bezeugt die strikt antiautoritäre und antichristliche Philosophie, keinesfalls aber eine neuplatonische Sympathie Marullos (s. Anm. 77), S. 33–43. Eine Rekonstruktion dieses an Vergil und vor allem Lukrez orientierten geistigen Klimas findet sich auch bei C. Pizzi, Michele Marullo Tarcaniota e Piero Crinito, in: Rassegna Volterrana, 1952, S. 1–15, hier bes. 5.

79 Zum Testament: P. O. Kristeller, Supplementum Ficinianum, Florenz 1937, 2, 194 f. Gombrich (s. Anm. 4), S. 65, hat Ficinos Umorientierung auf Lorenzo di Pierfrancesco noch zu Lebzeiten Lorenzo il Magnificos treffend charakterisiert, hat sich durch die Frühdatierung der »Primavera« aber den Weg verbaut, sie auf das Gemälde anwenden zu können.

80 So Brown (s. Anm. 31), S. 103. Zu dieser These paßt, daß Polizians Meisterschüler Pietro Ricci gemeinsam mit dem verehrten Marullo und Scala am Ende 1489 einen rhetorischen Krieg gegen seinen Lehrer führte. Im Falle von Marullo führte dies bis zur Androhung eines Duelles (Brown, s. Anm. 75, S. 210 ff.; vgl. Croce, s. Anm. 77, S. 22 ff.). Möglich ist, daß sich in diesem erbitterten Konflikt eine ästhetisch verschlüsselte Revolte gegen die beherrschende Macht Lorenzo il Magnificos auf ästhetischem Gebiet äußert. Daß Marullo Lorenzo il Magnificos Angebot einer Übersetzung von immerhin Plutarch mit dem

Argument ablehnt, eine solche Arbeit sei unter seiner Würde, spricht für sich (Croce [s. Anm. 77], S. 41 f.).

81 Lukrez, 1, 1–9.

82 Lukrez, 1, 10–20.

83 Wind (s. Anm. 1), S. 148.

84 Horaz, Oden, 1, 30; vgl. Anm. 12.

85 Vergil, Aeneis, 4, 223. Holberton (s. Anm. 8), S. 208, interpretiert diese Zeile, die den Abstieg Merkurs zur Erde beschreibt, als Aufstieg in den Himmel und zieht daraus die in der Luft hängende Konsequenz, Merkur bedeute »Sublimation«. Derselbe Fehler unterläuft bereits Wind (s. Anm. 1), S. 148. Vgl. dagegen Dempsey (s. Anm. 17), S. 251.

86 Vergil, Eklogen, 10, 69.

87 Cristoforo Landinos Kommentar zu Vergils »Georgica« hatte dies ausführlich ausgeführt; vgl. Kliemann (s. Anm. 40), S. 315 u. allgem. H. Anton, Der Raub der Proserpina, Heidelberg 1967. Lightbowns Hinweis (s. Anm. 4; Bd. 1, S. 75) auf die homerischen Hymnen (5, 86 ff.) geht am Text vorbei; der Schmuck der Venus ist dort nicht von einem Mondmedaillon eingefaßt, sondern ihre Brüste erstrahlen mit lunarem Glanz.

88 Anton (s. Anm. 87), S. 40.

89 Polizian, Rusticus, 215–220; vgl. Warburg (s. Anm. 4), S. 42 und Dempsey (s. Anm. 17), S. 257.

90 Vgl. allg. P. Barolsky, Botticelli's Primavera and the Tradition of Dante, in: Konsthistorisk Tidskrift, Bd. 52, 1981, S. 1–6. Die Zeichnung illustriert Purgatorio, 28. Vgl. Anm. 46.

91 Dante, Göttliche Komödie, Fegefeuer, 28, 52 ff.; zum Wind: 6 ff. Nicht zugänglich war mir der Artikel von J. Gillies, The central figure in Botticelli's Primavera, in: Woman's Art Journal, Bd. II/1, 1981, S. 12–16.

92 Warburg (s. Anm. 4), S. 55.

93 Seneca, De Beneficiis, 1, 3, 2 ff. Vgl. Anm. 16.

94 M. Baxandall, Painting and experience in fifteenth century Italy, Oxford 1972, S. 67 f.

95 Warburg (s. Anm. 4), S. 12 ff.

96 Der Holzschnitt entn. aus J. Schnitzer, Savonarola. Ein Kulturbild aus der Zeit der Renaissance, 2 Bde., München 1914; hier: 2, 818. Zum politischen Umfeld des Londoner Gemäldes vgl. D. Weinstein, Savonarola and Florence, Princeton 1970.

97 Projektskizzen Warburgs legen nahe, daß im Nachweis dieses Janusgesichtes der Zeit ein nie realisiertes Fernziel Warburgs lag; vgl. E. Gombrich, Aby Warburg. Eine intellektuelle Biografie, Frankfurt/M. 1984, S. 69, 72.

98 E. Panofsky, Die Renaissancen der europäischen Kunst, Frankfurt/M. 1979, S. 198.

99 Smith (s. Anm. 18), S. 33.

100 Vgl. M. Warnke, Die erste Seite aus den »Viten« Giorgio Vasaris. Der politische Gehalt seiner Renaissancevorstellung, in: Kritische Berichte, Jg. 5, 1977, H. 6, S. 5–28, hier: 7 f.

Anhang

Die Restaurierung hat einen Einblick in die Arbeitsweise Botticellis von der Verfugung der Holztafel bis zur Firnisschicht erbracht. Das 203 x 314 cm große Werk besteht aus bis zu zehn Schichten. Auf die Holztafel wurden zunächst eine grobe, gipsschlämmenartige Grundierung von beiger Farbe und darüber eine um eine Nuance hellere, feinere Lage in etwa derselben Zusammensetzung aufgetragen. Darauf oder darin befinden sich bereits erste Spuren in Form von Einritzungen oder Vorzeichnungen der Figuren und der groben Komposition, über die zwei verschiedenfarbige Grundierungen gelegt sind: eine weißlichgelbe Schicht für das Inkarnat der menschlichen Gestalten sowie eine graue Mischung aus Weiß- und Schwarztönen für die Pflanzen. Über diesem Farbgrund, der teils bis zur Oberfläche durchdringt, folgen drei Farbschichten: Bei den menschlichen Figuren variieren übereinander Ockergelb, ein matteres Beige und ein ins Rötliche tendierendes Inkarnat, während bei den Pflanzen Blau, Grün und Braun aufeinander geschichtet sind. Darüber schließlich folgen eine alte und eine neuere Lack- und Firnisschicht. An einer Reihe von Details ist zu erkennen, daß Botticelli erst die Figuren, dann die Pflanzenwelt gemalt hat; so treten immer wieder Übermalungen, wie zum Beispiel am hinteren Fuß der Flora, durch die dunkelfarbigen vegetabilen und erdigen Töne auf. Insgesamt aber erweist sich, daß der Maler das einmal entworfene Kompositionskonzept mit großer Sicherheit verfolgt hat. Vgl. U. Baldini, Der Frühling von Botticelli, Bergisch Gladbach 1986.

Biographie Botticellis nach zeitgenössischen Quellen

1444/45 Geburt als Sohn des Lohgerbers Mariano Filipepi und dessen Frau Smeralda

1458 Einer Steuererklärung des Vaters zufolge ist Sandro kränklich und besucht noch die Schule

Nach dem Schulbesuch Beginn einer Lehre bei einem Goldschmied

1464–67 Lehrling in der Werkstatt von Filippo Lippi

Nach 1467 möglicherweise Mitarbeit bei Andrea del Verrocchio

1470 Allegorie der »Tapferkeit« für den Palazzo della Mercanzia

1472 Mitgliedschaft in der Künstlervereinigung »S. Luca« (bis 1505); Filippino Lippi als Schüler Botticellis erwähnt

1474 Arbeiten für ein Fresko im Dom von Pisa

1475 Turnier-Standarte für Giuliano de' Medici

1478 Schandbilder von Mitgliedern der Pazzi-Verschwörung

1480 »Hl. Augustinus« für die Kirche in Ognissanti. Im Atelier drei Helfer

1481 »Verkündigung« für S. Martino in Via della Scala

1481/82 »Reinigungsopfer der Aussätzigen«, »Moses und die Töchter Jethros« und »Empörung und Bestrafung der Rotte Korah« für die Sixtinische Kapelle in Rom

1483/84 Truhenbilder für eine Hochzeit

1485 Altarbild für die Familie Bardi

Zwischen Ende 1485 und ca. 1487 »Primavera«

ab 1486 Fresken für die Villa Lemmi

1487 Tondo für den Magistrato de' Massai delle Camera

1488/1490 »Krönung Mariae« für San Marco in Florenz

1491/92 Mitglied in der Kommission zur Fassadengestaltung des Domes von Florenz

1491–94 Arbeiten für die »Capella di San Zenobio« im Dom von Florenz

Um 1495 »Verleumdung des Apelles«. Illustration von Dantes »Göttlicher Komödie« für Lorenzo di Pierfrancesco de' Medici

1495/97 Altargemälde für Lorenzo di Pierfrancesco de' Medici in Trebbio. Dekoration der Villa in Castello

1496 Der »heilige Francesco« für Santa Maria de Monticelli

1499 Eintritt in die auch Künstlern offenstehende Zunft »dei Medici e degli Speziali«

1500/01 »Mystische Geburt Christi«

1504 Mitarbeit in der Kommission zur Aufstellung von Michelangelos »David«

1510 Tod. Begräbnis in Ognissanti

Bedeutende Werke in europäischen Sammlungen

Amsterdam, Rijksmuseum
Judith verläßt das Zelt des Holofernes

Bergamo, Accademia Carrara
Geschichte der Virginia

Berlin-Dahlem, Museum
Bardi-Altar
Bildnis des Giuliano de 'Medici
Hl. Sebastian
Muttergottes und Kind, umgeben von acht Engeln

Brüssel, Musées Royaux des Beaux-Arts
Beweinung Christi

Dresden, Gemäldegalerie
Szenen aus dem Leben des hl. Zenobius

Florenz, Uffizien
Anbetung der Könige
Auffindung des toten Holofernes
Bildnis eines Mannes mit der Medaille des Cosimo de 'Medici
Fortitudo
Geburt der Venus
Hl. Augustinus im Gehäuse
Hl. Ignatius
Marienkrönung mit Heiligen
Minerva und der Kentaur
Muttergottes in der Cherubimglorie
Muttergottes und Kind mit fünf Engeln
Muttergottes und Kind mit Heiligen
Muttergottes und Kind mit sechs Heiligen
Muttergottes und Kind, umgeben von vier Engeln und sechs Heiligen

Pietà
Primavera
Rückkehr der Judith
Salome mit dem Kopf Johannes des Täufers
Verkündigung
Verleumdung des Apelles
Vision des Hl. Augustinus

Frankfurt am Main, Städel
Bildnis einer Frau

Leningrad, Eremitage
Hl. Dominikus betend
Hl. Hieronymus büßend

London, National Gallery
Anbetung der Könige
Szenen aus dem Leben des Hl. Zenobius

Mailand, Sammlung Crespi
Bildnis

Mailand, Museo Poldi-Pezzoli
Beweinung Christi
Muttergottes lehrt das Jesuskind

München, Alte Pinakothek
Beweinung Christi mit Hieronymus, Paulus und Petrus

Neapel, Museo e Gallerie Nazionali di Capodimonte
Muttergottes und Kind mit zwei Engeln

Paris, Louvre
Einführung Lorenzo Tornabuonis in den Kreis der freien Künste
Giovanna degli Albizzi vor Venus und Grazien
Muttergottes und Kind mit fünf Engeln
Muttergottes und Kind mit Johannes dem Täufer

Piacenza, Museo Civico
Muttergottes, das Kind anbetend mit Johannes dem Täufer

Rom, Galleria Pallavicini
Transfiguration, Hieronymus und Augustinus

Rom, Cappella Sistina
Bestrafung der Rotte Korah
Papstbildnisse
Szenen aus dem Leben Moses
Versuchung Christi

Abbildungsnachweise

Scala, Firenze Umschlag, Falttafel
Archivi Alinari S.p.A., Firenze 2–4, 7, 9–12, 16, 19, 21–24, 28, 29, 31–33, 35, 36
Gemäldegalerie Dahlem (Photo: Jörg P. Anders) 13
Staatliche Museen, Berlin/Ost 18, 34
Sammlung Anderson 27
National Gallery, London 40

Alle anderen Abbildungsvorlagen wurden vom Autor zur Verfügung gestellt.